红色广东丛书

广东中央苏区

平远革命简史

中共广东省委党史研究室
中共梅州市委党史研究室
中共平远县委党史研究室
编著

SPM
南方出版传媒
广东人民出版社
·广州·

图书在版编目（CIP）数据

广东中央苏区平远革命简史 / 中共广东省委党史研究室，中共梅州市委党史研究室，中共平远县委党史研究室编著. —广州：广东人民出版社，2021.6

（红色广东丛书）

ISBN 978-7-218-15026-0

Ⅰ. ①广… Ⅱ. ①中…②中…③中… Ⅲ. ①中央苏区—革命史—平远县 Ⅳ. ① K269.4

中国版本图书馆 CIP 数据核字（2021）第 098433 号

GUANGDONG ZHONGYANG SUQU PINGYUAN GEMING JIANSHI

广东中央苏区平远革命简史

中共广东省委党史研究室
中共梅州市委党史研究室　编著
中共平远县委党史研究室

出 版 人：肖风华

责任编辑：古海阳　王智欣
封面设计：河马设计　李卓琪
责任技编：吴彦斌　周星奎
排版制作：广州市广知园教育科技有限公司

出版发行：广东人民出版社
地　　址：广州市海珠区新港西路 204 号 2 号楼（邮政编码：510300）
电　　话：（020）85716809（总编室）
传　　真：（020）85716872
网　　址：http://www.gdpph.com
印　　刷：广东鹏腾宇文化创新有限公司
开　　本：787 mm×1092 mm　1/16
印　　张：10.25　　　　字　数：107 千
版　　次：2021 年 6 月第 1 版
印　　次：2021 年 6 月第 1 次印刷
定　　价：38.00 元

如发现印装质量问题，影响阅读，请与出版社（020 — 85716849）联系调换。
售书热线：（020）85716826

《广东中央苏区革命简史》编委会

主　任：陈春华

副主任：刘　敏　邓文庆

编　委：姚意军　张启良

《广东中央苏区平远革命简史》编辑部

主　编：杨旭辉

副主编：王远明

编　辑：朱文清　王建华　廖春华

总　序

　　百年征程波澜壮阔，百年大党风华正茂。习近平总书记在党史学习教育动员大会上指出："我们党的一百年，是矢志践行初心使命的一百年，是筚路蓝缕奠基立业的一百年，是创造辉煌开辟未来的一百年。"翻开风云激荡的百年党史，一代又一代中国共产党人，用鲜血和生命浸染了党旗国旗的鲜亮红色，书写了可歌可泣的历史篇章，铸就了彪炳史册的丰功伟绩。一百年来，党的红色薪火代代相传，革命精神历久弥坚，红色基因已深深根植于共产党人的血脉之中，成为我们党坚守初心、永葆本色的生命密码。

　　广东是一片红色的热土，不仅是近代民主革命的策源地，也是国内最早传播马克思主义、最早成立共产党早期组织的省份之一。在新民主主义革命的漫长历程中，广东党组织在中共中央的领导下，发动、组织和领导广东人民开展了一系列广泛而深远的革命斗争。1921 年，广东党组织成立后，积极开展工人运动、青年运动，并点燃农民运动星火。

第一、二、三次全国劳动大会连续在广州召开，全国工人运动的领导机关——中华全国总工会在广州诞生。中国社会主义青年团第一次全国代表大会在广州召开，促进了全国团组织的建立、发展。在"农民运动大王"彭湃领导下，农潮突起海陆丰影响全国。

1923 年，中共中央机关一度迁至广州，中国共产党第三次全国代表大会在广州召开，推动形成了第一次国共合作，建立了国民革命联合战线，掀起了大革命的洪流。随后，在共产党人的建议下，黄埔军校在广州创办，周恩来等共产党人为军校的政治工作和政治教育作出了重要贡献，中国共产党也从黄埔军校开始探索从事军事活动。在共产党人的提议下，农民运动讲习所在广州开办，先后由彭湃、阮啸仙、毛泽东等共产党人主持，红色火种迅速播撒全国。1925 年，广州和香港爆发省港大罢工，声援五卅运动，成为大革命高潮时期一个十分引人注目的重要斗争。1926 年，在统一广东革命根据地后，国民革命军在广州誓师北伐，以共产党员为骨干的北伐先锋叶挺独立团所向披靡，铸就了铁军威名。在北伐战争胜利推进的同时，广东共产党组织和党领导的革命队伍迅速扩大和发展，全省工农群众运动也随之进入高潮。

1927 年"四一二"反革命政变以后，广东共产党组织在全国较早打响反抗国民党反动派血腥屠杀的枪声，广州起义与南昌起义、秋收起义一起，成为中国共产党独立领导中国革命、创建人民军队的伟大开端。随后，广东党组织积极探索推进工农武装割据，在海陆丰建立第一个县级苏维埃政权，并率先开展土地革命，开启了中国共产党领导人民进行的最重大的社会变革。与此同时，广东中央苏区逐步创建和发展起来，为中国革命的发展作出了不可磨灭的贡献。1931年，连接上海中共中央机关与中央苏区的中央红色交通线开辟，交通线主干道穿越汕头、大埔，成功转移了一大批党的重要领导，传送了重要文件和物资，成为土地革命战争时期党的红色血脉。1934年，中央红军开始了举世瞩目的长征，广东是中央红军从中央苏区腹地实施战略转移后进入的第一个省份，中央红军在粤北转战21天，打开了继续前进的通道，成功走向最后的胜利。留守红军在赣粤边、闽粤边和琼崖地区进行了艰苦卓绝的游击战争，高举红旗永不倒。

抗战全面爆发后，中共中央和中共中央长江局、南方局十分重视和加强对广东党组织的领导，选派了张文彬等大批干部到广东工作。日军侵入广东以后，广东党组织奋起领导广东人民开展敌后抗日游击战争，成立了东江纵队、琼崖纵队、珠江纵队、广东人民抗日解放军、南路人民抗日解放军和韩江纵队等抗日武装，转战南粤辽阔大地，战斗足迹遍及70多个县市。华南敌后战场成为全国三大敌后抗日战场之一，党领导的广东人民抗日武装被誉为华南抗战的中流砥柱。香港沦陷以后，在中共中央的领导和周恩来等人的精心策划安排下，广东党组织冲破日军控制封锁，成功开展文化名人秘密大营救，将800多名被困香港的文化名人、爱国民主人士及家眷、国际友人等平安护送到大后方，书写了抗战史上的光辉一页。

解放战争时期，在中共中央的领导下，华南地区大力开展武装斗争，开辟出以广东为中心的七大块游击根据地，成立了中国人民解放军琼崖纵队、粤赣湘边纵队、闽粤赣边纵队、桂滇黔边纵队、粤中纵队、粤桂边纵队和粤桂湘边纵队等人民武装，其中仅广东武装部队就达到8万多人，相继解放了广东大部分农村，在全省1/3地区建立起人民政权，为广东和华南的解放创造了有利条件。在广东党组织的配合下，人民解放军南下大军发起解放广东之役，胜利的旗帜很快插遍祖国南疆。

革命烽火路，红星照南粤。广东见证了中国共产党从新生到大革命、土地革命，再到抗日战争、解放战争等革命斗争全过程。其间，毛泽东、周恩来、刘少奇、朱德、邓小平、叶剑英、彭德怀、刘伯承、贺龙、陈毅、聂荣臻、徐向前、李富春、粟裕、陈赓等老一辈革命家和李大钊、蔡和森、瞿秋白、陈延年、彭湃、叶挺、杨殷、邓发、张太雷、苏兆征、杨匏安、罗登贤、邓中夏、恽代英、萧楚女、阮啸仙、张文彬、左权、刘志丹、赵尚志等一大批革命先烈都在广东战斗过，千千万万广东优秀儿女也在革命斗争中抛头颅、洒热血，留下了光照千秋的革命历史和革命精神。广东这片红色热土，老区苏区遍布全省，大大小小的革命遗址分布各地，留下了宝贵而丰厚的红色文化历史遗产。

习近平总书记强调，中国革命历史是最好的营养剂。重温这部伟大历史能够受到党的初心使命、性质宗旨、理想信念的生动教育，必须铭记光辉历史、传承红色基因。我们有责任把党领导广东人民进行革命斗争的光辉历史和伟大功绩研究深、挖掘透、展示好，全面呈现广东红色文化历史，更好地以史铸魂、教育后人，让全省人民在缅怀英烈、铭记历史中汲取砥砺奋进的强大力量，让人们深刻认识红色政权来之不易，新中国来之不易，中国特色社会主义来之不易，确保红色江山的旗帜永远高高飘扬。

为充分挖掘广东红色文化资源的丰富内涵，我们组织省内党史、党校、社科、高校等专家学者，集智聚力分批次编写《红色广东丛书》。丛书按照点面结合、时空结合、雅俗结合原则，分为总论、人物、事件、地区、教育五个版块。总论版块图书，主要综述中国共产党在广东的革命斗争历史概况，人物版块图书主要讴歌广东红色人物，事件版块图书主要论说党领导广东人民开展革命斗争的历史事件，地区版块图书从地市和历史专题角度梳理广东地域红色文化，教育版块图书着力打造面向青少年及党员的红色主题教材。丛书以相关的文物、文献、档案、史料为依据，对近些年来广东红色文化资源研究成果做了一次全面系统梳理，我们希望这套丛书能为党史学习教育、革命传统教育、爱国主义教育提供重要内容支撑。

一切向前走，都不能忘记走过的路，走得再远、走到再光辉的未来，也不能忘记走过的过去，不能忘记为什么出发。站在"两个一百年"的历史交汇点上，我们要更加坚定自觉地学史明理、学史增信、学史崇德、学史力行，赓续红色血脉，传承红色基因，以一往无前的奋斗姿态、风雨无阻的精神状态，推动广东在全面建设社会主义现代化国家新征程中走在全国前列、创造新的辉煌。

《红色广东丛书》编委会

2021 年 6 月

中共中央党史研究室

中史函[2011]22号

关于申请确认广东省平远县为
中央苏区范围事的回复

广东省委党史研究室、广东省老区建设办公室：

《关于要求确认平远县为中央苏区范围的请示》(粤党史[2010]57号)及《关于呈送平远县属于中央苏区范围考证报告的请示》收悉。

我们对平远县在土地革命战争时期是否属于中央苏区范围一事进行了认真研究，对《中共赣西南特委西河分委给中央的综合报告》《蕉平寻苏维埃政府目前文化工作总计划》《江西的中央苏区》《中共中央巡视员定川的报告》等文献资料以及当年在平远县进行革命斗争的老同志的回忆材料进行了审阅、查考。根据民政部、财政部《关于免征革命老根据地社队企业工商所得税问题的通知》(民发〔1979〕30号，(79)财税85号)关于第二次国内革命战争(即土地革命战争)根据地的划定标准，我们认为，现有资料可以证明平远县的一部分或大部分地区在20世纪30年代初期曾先后属于中央苏区江西省和粤赣省管辖区域。据此，可以认定平远县在土地革命战争时期属于中央苏区范围。

此复

中共中央党史研究室办公厅秘书处　　2011年8月23日印发

(共印5份)

中共中央党史研究室关于平远被确认为中央苏区范围的文件

平远县第一个中共支部于1927年3月8日在平远中学建立，图为平远中学老楼（张洪瑞　摄）

1927年9月，在东石沙排岃刘屋成立了平远第一个农民协会——太平农会

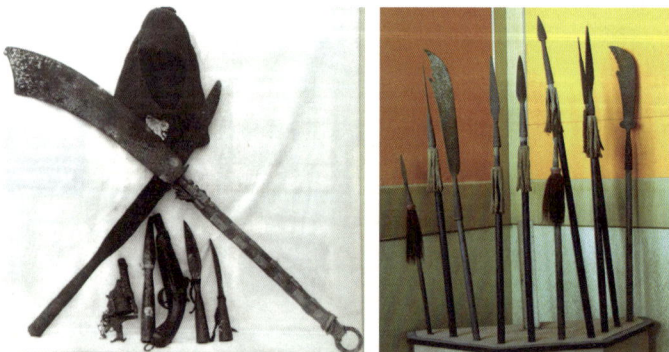

石北乡赤卫队用过的武器

1929年10月31日，梅城战役后，朱德、陈毅、朱云卿等将领率领红四军实行战略转移，11月1日经梅县城北、大坪、梅西转移抵达平远石正，部队驻石正中学。军长朱德在中学作了题为"要为革命读书，读书不忘革命"的演讲（平远县档案馆 藏）

老东门街谢屋——红四军驻地旧址及红军墙标群，位于仁居镇仁居村东门街10号

毓秀书院——土地革命战争时期（1928年）的中共平远县委旧址

林家祠——红四军第三纵队司令部、平远县革命委员会旧址（黎锴　摄）

平阳楼——红四军第三纵队第八支队
驻地、中共平远县委遗址（历史照片）

差干松溪桥红军路

泰山萧公祠——红四军
第一纵队司令部旧址（平远
县仁居镇　供）

仁居中学——红四
军军部、第一纵队政治
部遗址

　　1930年10月底11月初，闽粤赣苏区第一次党的代表会
议在大南山大溪坝村召开。图为会议旧址，位于汕头市潮
南区红场镇大溪坝村（周金裕　摄）

蕉平寻县委、县苏维埃政府旧址——寻乌留车镇鹿背角（李程　摄）

马克思路——中央苏区重要交通运输线旧址（李程　摄）

列宁路——中央苏区重要交通运输线旧址（李程　摄）

中共梅兴平蕉工委机关、曙光报社遗址（王远明　摄）

差干阻击战战场遗址

南台山嶂肚里战场遗址

蓝坊战斗指挥所遗址（蕉岭县委党史研究室 供）

（注：除已注明外，其余图片均由中共平远县委党史研究室提供）

目 录

第四章　平远迎来解放的曙光

后　记

前　言

平远县地处闽、粤、赣三省交界处，西及西北毗邻江西省寻乌县，东北与福建省武平县相连，东接广东的蕉岭县，南连梅州市梅县区、兴宁市，是联结闽、粤、赣三省之要冲，战略位置极为重要，为历代兵家必争之地。

平远有着光荣的革命传统。平远的中共组织自大革命时期创建起，就迅速成为平远农民运动的领导核心，很快在全县如火如荼的农民运动中发展和壮大，并领导平远人民建立革命武装，创建平远苏区，后成为中央苏区所辖县份之一。在长期艰苦卓绝的革命斗争中，平远儿女坚定革命理想，勇往直前，英勇无畏，为争取民族独立和人民解放前仆后继，不怕牺牲，用鲜血和生命谱写了可歌可泣的革命斗争历史篇章。

五四运动爆发后，马克思主义很快在平远得到传播。两次东征到达平远后，传播革命思想，唤醒一批先进知识分子和群众。1926年，上级党组织就在平远开展革命活动，播撒革命火种，次年先后建立了中共平远中学支部、东坝支部等党组织，随后中共平远县委、东石区委、石北乡苏维埃政府相继在东石毓秀书院成立，革命烈火在东石石北、河头太阳、热柘磜尾、热水等地点燃并引向全县。农民运动风起云涌，全县各地纷纷建立党组织、红色政权和革命武装。在中国共产党的领导下，平远苏区人民浴血奋战，与土豪劣绅和国民党反动派进行不屈不挠的革命斗争。在1929年底到1930年5月的半年时间里，红四军三次在关键时刻进入平远，在红四军的大力宣传发动下，把平远革命武装斗争推向深入。尤其是在1930年5月，红四军第一纵队分兵平远，指导帮助平远县委建立革命政权，组织6万多农民暴动，打土豪、分田地，开展轰轰烈烈的土地革命，进一步巩固和建设苏区。

红四军分兵平远期间，毛泽东在寻平边境进行调查研究活动，在他的光辉篇章《寻乌调查》中有20多处提到平远，对平远开展革命斗争的做法给予了充分肯定。朱德、陈毅、朱云卿、林彪、罗荣桓、粟裕、萧克、罗瑞卿等老一辈无产阶级革命家都在平远留下了光辉的足迹，成为平远苏区珍贵的文化遗产，见证了一段峥嵘的革命岁月。

随着革命形势发展的需要，广东的平远、蕉岭和江西的寻乌合并成立蕉平寻县委、县苏维埃政府，成为中央苏区所辖区域。平远先后为中央苏区地方党政机关和红军部队输送了260多名革命骨干，众多英勇的平远儿女驰骋在中央苏区战场，他们大多数为革命献出了宝贵的生命。

平远建立了许多秘密红色交通运输线，如马克思路和列宁路等。党组织发动群众组织运输小分队，千方百计打破敌人对中央苏区的经济封锁，冒着生命危险输送食盐、药品、布匹等奇缺物资，为中央苏区腹地建设和反"围剿"斗争，提供了交通运输和物资保障，对保卫中央苏区的安全稳定发挥了重要作用。在这一时期，全县被杀害的干部群众多达 25200 余人，他们用鲜血浇铸出捍卫苏维埃政权的钢铁长城。

全民族抗日战争爆发后，党组织在平远进行隐蔽斗争，开展抗日救亡活动，宣传中国共产党的抗日主张。解放战争时期，在中国共产党的领导下，全县人民与国民党反动派进行英勇的斗争，1949 年 5 月，平远迎来解放曙光。

历史是最好的教科书，中国革命历史是最好的营养剂。回顾和总结平远苏区革命斗争历程，我们要发扬革命先辈为民族独立、人民解放不畏牺牲，百折不挠的革命斗争精神，把革命先烈用鲜血和生命铸就的"坚定信念、求真务实、一心为民、清正廉洁、艰苦奋斗、争创一流、无私奉献"的苏区精神化为新时代我们干事创业的动力源泉。

编辑出版《广东中央苏区平远革命简史》，让全县广大党员、干部和群众深入了解平远非凡的革命历史，传承好红色基因，用革命精神滋养初心、激励使命，在新时代新征程中，深入贯彻落实习近平新时代中国特色社会主义思想，凝心聚力，砥砺前行，大力实施"一城一区一带"发展战略，扎实推进"精致小城·大美平远"建设，全力加快平远苏区振兴发展，努力建成全面小康、人民幸福的新平远。

第一章
在大革命的洪流中

第一节　五四运动及两次东征在平远

一、五四运动唤醒民众

第一次世界大战结束后，1919 年上半年，战胜国在法国巴黎召开了会议，史称"巴黎和会"。中国以战胜国身份出席了会议，并在会上提出取消列强在华各项特权、取消日本与袁世凯订立的"二十一条"不平等条约等正当要求，遭到拒绝。会议竟准备把战败国德国原在山东的各项特权转让给日本，中国政府代表居然准备在和约上签字予以承认。消息传到国内，激起了各阶层人民的强烈愤怒和反抗。5 月 4 日，北京学生 3000 余人在"外争国权，内惩国贼"等口号下，举行示威游行，抗议这个卑鄙的罪行，史称五四运动。"外争国权，内惩国贼""废除二十一条"等呼声响彻大江南北。有志青年纷纷走出家园校园，走向社会，宣传爱国救亡，改造社会。平远籍北京大学学子林公顿积极参加五四运动，一度被北洋军阀逮捕。他受黄炎培、陶行知"教育救国"思想的影响，上学期间，兼任平民夜校业余教员，至大学毕业。

五四运动消息传到平远，平远中学的师生马上起来响应。他们闻讯即集队到大柘圩宣传北京五四学生运动的发生和发展，声讨卖国贼，焚毁日货，振臂高呼"反对日本帝国主义""废除二十一条""还我青岛主权""打倒亲日卖国贼"等口号。为了扩大宣传，他们还创办了宣传五四运动的刊物，发表宣言，呼吁一致奋起响应北京五四运动。各学堂纷纷开展"为谁读书，怎样读书"的讨论，学生会组织的学术讨论会、时事报告会等如同雨后春笋般涌现。《申报》《俄国十月革命史》《马克思主义浅说》《苏联苏维埃政府》《莫斯科游记》等进步书刊在学校和社会上广泛流传，成为知识阶层的热门读物。许多学校还组织话剧团、歌咏队，他们不但在校园宣传演出，还走上街头，走向社会。各乡村也纷纷开办夜校或识字班，掀起学习文化知识的高潮。各地还发动和组织青年剪短发，改着新装，开展移风易俗、破除封建迷信活动。

五四运动时期，平远的教育事业有长足的发展。平远人民素有崇文重教的传统，"就是挑担卖柴做苦力，也要供子女上学"。清光绪三十一年（1905年）废科举，行新学，各乡乡民迫于实际需要，依《奏定学堂章程》规定，纷纷创办小学，各乡村的蒙馆、经馆先后改办为小学堂。至清宣统三年（1911年）全县共兴办新式小学堂60余所。1913年，将小学堂分为初高级两等。但由于受当时的条件限制，五四运动前，全县仅有1间中学和十余间高级小学堂，远远不能满足乡民子女的上学需求。经过五四运动，上层人士和社会贤达有所觉醒。他们认识到要拯救国家危亡，必须唤起民众，因而兴办教育蔚然成风，全县增设了3间中学、十多间小学，此外，乡村还普遍设"祖堂助学基金会""祖堂奖励读书会""上国立大学互助会"等，想方设法鼓励和资助青年上大学，为国家培养输送人才。

二、两次东征对平远的影响

1923年6月，中共三大在广州召开，接受共产国际执行委员会关于中国共产党与国民党实行合作的决议，决定全体共产党员以个人名义加入国民党，以建立革命统一战线，推动和帮助孙中山改组国民党。1924年1月，在广州召开的国民党第一次全国代表大会，接受了中国共产党提出的反帝反封建的主张，发表了宣言，正式确定了"联俄、联共、扶助农工"的三大政策，标志着第一次国共合作的正式开始。

可是，盘踞在东江惠、潮、梅地区的反动军阀陈炯明，在英帝国主义和北洋军阀段祺瑞的怂恿下，妄图推翻革命政府。为了讨伐陈炯明，中共广东区委发表《中国共产党檄告广东工农群众保卫革命打倒陈炯明》宣言，揭露陈炯明罪行，号召工农群众起来保卫革命，打倒帝国主义和封建军阀。在中国共产党的积极推动下，广东革命政府组织了东征联军，分别于1925年2月和10月，举行了两次东征。

2月1日，大元帅府发布总动员令讨伐陈炯明。由周恩来、李之龙、张民达、叶剑英等率领黄埔军校以共产党员、共青团员为骨干的两个学生军教导团及粤军第二师，担任东征主力，一路势如破竹，在棉湖大捷之后，尾随陈炯明败兵乘胜追击，一直从潮汕赶往兴梅。3月21日，陈炯明叛军第一军林虎和第四军李易标部2万余人由兴宁败退到平远的大柘、东石一带。23日张民达率粤军第二师第三旅（旅长莫雄）的五、六团由梅县进入平远，有兵力3000余人，司令部设在丰光村姚海珊屋（诒德楼）中。

东征军进入平远，据侦察得知陈军林虎、李易标部派重兵在大柘的石龙寨、双企岌到塔下一带山上布防，企图负隅顽抗。东征军紧紧依靠群众的支持，作出战斗部署：派第三旅第一营（营长黄士球）由农民担任向导，经黄花陂、凤池抄小路至敌后的伯公坳埋伏，待战斗打响后，配合攻击；正面由张民达师长率5个步兵营及特务营、炮兵营担任主攻。战斗于3月24日下午1时打响。东征军士气旺盛，向叛军阵地猛攻，从双企岌到塔下一带的战斗尤为激烈，仅塔下一处就打死几十个敌人。正面攻击打响后，黄营吹响了冲锋号，杀声震天。陈军不知虚实，以为前后受敌，顿时军心慌乱，全线崩溃，向东石方向逃窜。部分向八尺方向溃逃之敌，至高茶亭、径门口一带被黄营截击，缴械投降。

东征军在平远首战告捷，毙伤敌300余人（其中击伤敌团参谋长叶孟如），俘敌2000余人，缴获各种武器不计其数，仅步枪就雇了七八十人担运回梅县司令部。占领兴宁县城的黄埔军校学生军教导团亦于大柘战斗胜利结束的当天傍晚抵达大柘。该团连长黄梅兴（黄埔军校第一期生，平远东石人）为了乘胜追击陈军残部，不顾疲劳，主动请缨。经团部批准，由黄梅兴带领3个连的兵力追至东石，夜袭陈军。当晚9时，黄梅兴选派东石籍士兵黄镜连带尖兵到东石坳上侦察敌情，以摸清敌人军部、团部驻地情况，并动员群众准备爆竹、杉枝、火把等，待战斗打响，燃放爆竹等，呐喊助威，造成大军压境之势。子夜时分，黄梅兴率三连学生军夜袭东石，派黄焕兵带一个连打东路，目标是驻汶水林益喜屋中的敌军部；派黄镜连带一个连打西路，相机配合中路；黄梅兴亲率一个连打中路，目标是驻东石圩曾屋的敌团部。凌晨4时，中路在东石圩附近与敌人展开激战，猛烈地攻击驻曾屋的敌团部。东西两路部队同时冲杀，广大群众点起火把，燃放鞭炮、杉枝等，从四面八方呼喊冲杀。敌军丢盔弃甲地朝仁居方向溃逃，直窜寻乌县境。黄梅兴派兵由当地群众当向导，抄小路在麻楼山隘截击逃敌，活擒敌旅长。战后，在汶水曾屋、黄机塘等敌军驻地附近，到处是敌人丢下的枪弹和军毯，缴获甚丰。

3月25日，东征军由张民达率领，经东石到蕉岭，与击溃陈军的张和旅会师。

5月，东征军为平定刘、杨叛乱，回师广州。东征军离境后，逃往闽粤或赣粤边境的陈炯明残部卷土重来，东江各县又被其占据。平远首当其冲，遭到陈军的猖狂反扑，人民群众备受荼毒。

10月，广州国民政府举行第二次东征，彻底打垮陈炯明的残余势力，以巩固国民革命的成果。11月初，国民革命军胜利收复兴梅各县。第二纵队第十一师（后改十四师）师长冯轶裴率部进入平远，陈军驻平远县城的翁腾辉旅在势不可挡的革命形势下被迫投诚，仅有小部分残兵逃到江西寻乌，投靠赖世璜部。东征军在平远县城仁居再次受到广大人民群众的热烈欢迎，在附城中学校门前召开军民联欢大会，师党代表徐坚发表讲话，生动地阐述了孙中山"联俄、联共、扶助农工"的三大政策和中国革命的意义，并号召工农群众起来革命。广大群众受到很大鼓舞，全场掌声雷动。徐坚还到平远中学巡视并在平远中学住了一段时间，深入接触师生，多次向全校师生作报告，宣传马列主义，大讲苏联十月革命对世界的影响，号召青年学生起来革命，打倒帝国主义和封建主义。全校学生革命热情高涨，思想活跃，进步组织和社团蓬勃发展。许多学生热血沸腾，投笔从戎，至1926年暑假，平远中学就有余宝贤、林金荣（寻乌籍）等10人考入黄埔军校，投身革命。

第二节　国共合作时期平远的农民运动

两次东征，彻底打倒了陈炯明军阀势力的反动统治，为推动国民革命，开展工农运动扫除了障碍，创造了有利条件。

1925年5月19日，东征军政治部主任周恩来委任李实充、林筠度、韩祝三、姚仰璜为国民党平远县党部筹备员。建立各区国民党区党部，并遵孙中山遗嘱，革除弊政，扶助农工。1926年3月4日，国民党平远县第一次代表大会在县城（仁居）召开，选举产生了平远县党部执行委员会。大会贯彻执行"联俄、联共、扶助农工"的三大政策，唤起民众，打倒帝国主义和军阀、官僚、劣绅、地痞，实行平等自由。这次大会为平远开展工农运动直接提供了条件。

1926年秋，中共汕头地委派中共党员、东江农工运动人员养成所学员魏挺群、连云鹊来平远，任平远农民运动特派员。他们帮助国民党平远县党部开展农民革命运动，深入乡村，宣传开展"二五减租"。在魏、连两人的指导下，县党部派定各乡宣传组织人员，仁居、东石由国民党平远县党部候补执委林汉偶负责，坝头、大柘、热柘由余宝贤负责，石正由何振欧负责，从而使平远农民运动很快在全县大部分地区开展起来。魏挺群、连云鹊在农民运动中吸收了林汉侗加入中国共产党，林汉侗是在平远入党的第一位共产党员。

1927 年春，为了揭露国民党右派反动阴谋，巩固联合阵线，在中共广东区委和省农协的领导下，中共潮梅地委于 2 月 23 日在汕头召开了潮梅海陆丰农民、劳动童子团第一次代表大会，平远派代表参加了这次会议。大会通过了工农联合的决议和宣言。

第三节　声援上海五卅运动

1925 年 5 月 30 日，上海工人、学生及群众为抗议日本纱厂枪杀工人顾正红而举行反帝游行时，突然遭到租界巡捕开枪镇压，酿成了震惊中外的五卅惨案。全国各大城市纷纷罢工罢课声援上海人民的斗争。于是，在中国共产党的领导下，掀起了以工人阶级为主力军的中国人民反帝革命运动。五卅运动标志着中国大革命高潮的到来。

6 月 23 日，为声援上海五卅运动，冯荣德（平远籍）参加了在广州举行的有 10 万人的声援大会和示威游行，遭到英、法帝国主义的机枪扫射和炮舰轰击，冯荣德身中两弹后，壮烈牺牲，时年 24 岁。

五卅惨案的消息传到平远，平远中学师生义愤填膺，由学生会发起，在全县广泛宣传五卅惨案真相，揭露日本帝国主义的罪行。为了进一步领导全县开展宣传活动，支援上海罢工工人，在平远中学设立了平远五卅惨案外交后援委员会（简称外援会），以李巴林、谢立猷等为常务委员；各乡遍设分会，层层组织五卅惨案宣传队，深入乡村，揭露帝国主义在华犯下的滔天罪行。同时，由"外援会"常务委员会制定抵制外货办法，开展募捐。平远中学许多学生暑假自愿留校，组织街头演讲，劝说商人封存、销毁日货。全县开展声援上海工人罢工示威斗争达三月之久，范围遍及乡村每一角落，共捐款三四千元汇往上海，支援上海工人的罢工斗争。

这次声援上海工人的宣传活动，极有成效地提高了全县工人农民商人学生的阶级觉悟，"工人农民不爱财宝，认清了阶级利益"，标志着平远开展革命斗争的时机已经到来了。

第四节　平远党组织的成立

1926年夏，中共广东区委举办党校，培训派往各市县担任党团基层工作的同志。之后广东党组织有了很大发展，党员人数居全国各省区之首。同年10月，中共广东区委书记陈延年在共青团广东省第四次代表大会上所作的报告中指出："当前革命形势很好，但党组织赶不上形势发展的需要，今后要扩大党组织，为争取发展五万党员而斗争。"12月，中共广东区委为加强对梅县地区党组织的领导，将原梅县特支升格为梅县部委，并派刘标粼为中共梅县部委书记。梅县部委辖梅县、兴宁、五华、蕉岭、平远、寻乌、武平等地党组织。

1927年2月，中共梅县部委通过在嘉应大学教书的地下党员陈志莘介绍，派部委委员杨广存打进平远中学（简称平中）任教务主任，秘密进行革命活动。杨广存到平远中学后，即尽力抓住机会，宣传马列主义，向学生讲解《共产主义"ABC"》《资本论》《唯物史观》《共产党宣言》等革命书籍，物色进步教职员和学生，发展党员建立党组织。他发现三年级学生李巴林（又名李捷桃）、钟锡璆（曾用名钟锡球）思想进步，便吸收他们入党。3月8日，平远第一个党支部——中共平远中学支部正式成立，杨广存任书记，李巴林为组织委员，钟锡璆为宣传委员，支部直属梅县部委领导。平远中学成为平远党组织的诞生地和摇篮。

平远中学党支部成立后，分别吸收了一批团员、党员，并以学生会名义开展一系列革命活动；成立了平远中学团支部，团组织在党支部领导下开展活动。党、团组织通过学生会主办的《平远中学青年》周刊，针锋相对地同保守思潮展开斗争，大力宣传革命道理，揭露弊政，抨击反动势力对共产党的诽谤，始终把学生团结在周围。是月，又在东石铁民中学成立了中共东石铁民中学支部，书记李兴祯。党、团员还深入到工人、农民中去做宣传发动工作，关心工人、农民的疾苦。

3月底，发生八尺爆竹工人韩某等两人遭殴打、捆绑游街并被非法关押事件。此事在县内引起极大反响。平中支部得知事件是由国民党平远县党部支持后，即出面向国民党大柘区分部提出抗议。这一正义之举，受到社会支持，迫使县党部无条件释放被害工人，并赔偿工人的损失。

蒋介石发动四一二反革命政变后，平远县国民党当局于4月20日开始清查共产党人。平远农运特派员魏挺群、连云鹊及平中教师杨广存及时离开平远。

杨广存离开平中，因事起仓促，来不及交代支部工作。李巴林、钟锡璆即商量召开支部紧急会议，以应付局势。会议决定：（1）由李巴林暂时负责支部工作，设法与梅县部委取得联系，请求指示；（2）非重大事件暂不召开党员大会，每个党、团员每天必须向支部秘密汇报情况，如遇重大问题则由李巴林、钟锡珍两人商量决策。

1927年7月，暑假在即，鉴于部分党员将毕业离校，其他党、团员暑假亦要返乡，支部召开党、团员大会，决定暑假工作计划及下期平中支部负责人。会议要求每个党员负起党员责任，在乡村开展宣传组织群众工作，对敢于斗争、思想进步、决心为大众谋求利益的可介绍入党。会议决定下期支部负责人为朱天仁。平远中学党、团员以及外地工作学习的党员回到家乡农村后，共同的理想使他们很快结合在一起，为平远农民运动的开展起了核心作用。

东石、坝头是回乡党、团员比较集中的地方。李巴林、朱天仁、刘仕祥、刘秀仁、林荣贤、林传兴、刘玉贤等是平远中学回乡的党、团员；曾庆禄、丘登明是梅县东山中学毕业回乡的党员；林汉倜、李兴祯是东石铁民中学党员。还有从大埔百侯中学和高陂中学回乡的教师党员林成藩、张昌英、黄□□^①（大埔人，随林成藩来平远暂住的）等。

林成藩、张昌英、曾庆禄先后回到家乡，首先成立了中共东（石）坝（头）支部，由林成藩任书记，曾庆禄为组织委员，张昌英为宣传委员，支部集合地点设在华通小学，每周召集支部会议，决定在东石灵水、汶水，坝头上南山等地发展组织，联系各地回乡党员。

---

① 姓名佚失，下同。

第二章
平远苏区的创建和发展

第一节　党组织的发展和土地革命运动的兴起

由于蒋介石集团发动反共、反人民的四一二反革命政变，加上以陈独秀为首的右倾投降主义路线，致使共产党和革命群众遭到大逮捕、大屠杀，由国共两党第一次合作所发动的轰轰烈烈的大革命归于失败。但是，中国共产党并不因革命事业遭到挫折而停止革命的步伐，而是从失败的经历中获得经验教训，继续领导全党全国人民进行土地革命战争。

在土地革命战争时期，平远县党组织经历了极为复杂曲折的斗争。

一、党组织在农民运动中发展壮大

（一）中共平远区委成立

1927年8月，由中共东坝支部发起，召集东石、坝头回乡党员，在东石大屋场树林中召开了第一次党员大会。会议根据已有平远中学、铁民中学和东（石）坝（头）3个支部的情况，为加强党的领导，决定成立党的统一领导机构——中共平远区委。到会党员推举林成藩为区委书记，并决定派李巴林、朱天仁到梅县部委报告平远区委成立情况和请示工作。

中共平远区委根据梅县部委指示，召开党员代表大会，研究工作，作出如下决议：（1）组织农民协会，开展"二五减租"斗争；（2）在农民运动中吸收党员，发展党组织；（3）指定李巴林为农运专干，联络全县各乡；（4）吸收黄荣章、林滚如、黄佐平、黄雪桥（黄公达）、李捷淳5人加入中国共产党。

（二）农会组织在平远各地风起云涌

区委会议以后，各党员遵照区委决议，积极开展工作。1927年9月，在东石沙排屻刘屋开会，成立了平远第一个农民协会——太平农会，以刘增郎、林士基为正、副主席，林钦海为文书，同时发出农会宣言，号召农民加入农会，实行"二五减租"。

随后，平远各地相继成立农会组织的有：东石灵水、黄行、大水、大仁、坳上、太阳、茅坪、洋背、石碛、石岭，坝头河陂水、坑背、南山，河头太阳寨、潭背、杞树坝，八尺凤头、石峰、上远等地。仅一个多月时间，东石、坝头、河头就组织了数万农民加入农会，其声势之大，谁也阻遏不住。地主豪绅采取恐吓收买等手段，以脱佃吊佃相威胁，想方设法抵抗"二五减租"，破坏农民运动，妄图阻止农民运动的发展。

中共平远区委为此召集各村农会共同研讨对策，针锋相对地同地主豪绅作斗争，并决定成立区农会，加强统一领导，由林汉偶、朱昌洪为东石区农会正、副主席。由于党组织及时地为农民撑腰，从而坚定了农民同地主豪绅作斗争的决心，使农民运动继续蓬勃发展。

慑于农民运动的威势，国民党东石乡长被迫辞职，党组织便召集各村农会会议，改选乡长。是年秋，东石全境达到全面的"二五减租"，使农民少交租谷20多万斤。

党组织在农民运动中得到发展壮大，先后建立起灵水、黄行、坳上、车子岗、大仁，坝头坑背、南山等支部。还有部分零星党员，如石正的何振欧、河头的易儒峰（均为广州返乡）及八尺的韩宗瑗（嘉应大学毕业回乡）亦同平远区委有联系，并由区委派往户籍所在地投入农民运动。后来易儒峰还在中行儒地发展易儒坤等入党，建立了支部。全县党员发展到70多人。

农民运动蓬勃发展，触动了地主豪绅的利益，动摇了国民党的反动统治，而遭到他们的仇视和破坏。与此同时，八一南昌起义的贺龙、叶挺部队转战潮汕失利的消息传来，动摇了平远区委部分领导人的革命信心。同时，1928年4、5月间，平远区委主要领导人林成藩、林汉偶相继出走南洋，革命形势一度出现沉寂的局面。张昌英亦去往他乡，7月以隆文中学支部书记为代表参加梅蕉边羊古薮召开的梅县县委扩大会议，并被选为县委委员兼秘书长。在平远革命困难时期，河头太阳寨、潭背、杞树坝3个农会没有停止活动，农民的革命热情仍然高涨。在农运活动中，黄维耀介绍陈学生等加入了中国共产党，并成立了太阳党支部，书记黄维耀。这年夏天，河头太阳寨实现了全面的"二五减租"，农会组织迅速发展，活动范围包括了双溪、柞树径、河清以及田心部分地方。

（三）石北、热水相继成立农民革命武装

党员曾庆禄以灵水毓秀学校为据点，秘密串联农运骨干坚持革命活动。1928年5月19日晚，石北乡40多个农民聚集在灵水村平岌顶，秘密召开农会成立大会，选举曾庆禄、丘展鹏为正、副主席，同时建立了平远县第一支农民革命武装——石北乡赤卫队，有队员20多人，李万炎为队长。接着还成立了石北乡妇女会、儿童团组织。石北乡人民有了自己的组织，斗争积极性更高了。赤卫队队员经常深入到东石圩、铁民中学及沿公路一带张贴宣传标语，散发传单，还积极组织成年男女开办夜校，教他们识字，向他们讲革命道理，还创作了许多革命山歌。谢天白、丘展鹏、李万炎、刘仁清等在斗争中得到了锻炼，经受了考验，光荣地加入了中国共产党。

毗邻蕉岭鸭薮里的热柘磜尾村也于1928年6月燃起革命之火。蕉岭县党的主要领导人邓崇卯、赖清芳、陈德明等在热柘磜尾村进行革命串联活动。8月，在磜尾上村德化学校由邓崇卯主持召开会议，有40多人参加，成立了热水乡农会，选举曹进洪为主席，曹贱桂为宣传委员，曹洪添为财政委员，丘添运为妇女委员。此后，邓崇卯先后发展曹进洪、吴国桢、曹洪添、曹贱桂、曹柏生等人加入中国共产党，建立了热水党支部。活动范围扩展到完

里、院境等村 200 多户人家，店塘岗有钟志达、张洪辉（在热水教书）等 10 名党员活动。农会会员积极参与邓崇卯领导的蕉平红军独立营的武装暴动，至 1929 年 8 月，磜尾成立了赤卫队，陈德明为队长，何国章为教练，刘接盛为分队长，队员由 20 多人发展到 200 多人，农会会员发展到 800 多人，活动中心已由磜尾转到完里。

此外，尚有坝头南山支部、坑背支部及东石坳上党小组等，在各自开展活动。

二、中共平远县委成立

1928 年暑假，钟锡璆因组织寻乌"三二五"暴动失败，转移到平远边活动，在坝头贤关与林荣贤到船上与船员工人接触，宣传革命，发展工人入党，建立了船员工人党小组和篷船工会。其间，钟锡璆还到东石找李巴林共同探讨革命斗争策略，增强了革命斗争信心。

（一）中共平远县委成立

1928 年 8 月，李巴林、曾庆禄、林荣贤等在东石松溪小学开会讨论重新组织平远党的机构问题。决定成立平远临时县委，以李巴林等为临时县委负责人，统一领导全县党的斗争活动。曾庆禄负责与梅县党组织联系，李巴林负责与蕉岭方面的党组织联系，林荣贤负责与鸭薮里的红军联系，筹备成立中共平远县委。

临时县委成立以后，各地党支部得以整顿恢复，发展较快，计有12个支部、70多名党员。10月，各支部代表集会于东石塔下，讨论组织成立了中共平远县委，选举李巴林为县委书记。会议决定：（1）继续整顿发展各支部组织；（2）以"用斗争手段争取广大群众，重新组织工会农会等民众团体"为工作路线；（3）决定以冷水坑毓秀学校为县委机关驻地，党的一切工作改由秘密方式进行；（4）迅速寻找上级党的组织关系，以取得工作指导；（5）调整人事安排，成立全县交通网，派黄佐平到东石黄行小学教书，任黄行支部书记，派黄雪桥到锅吕小学教书，与蕉岭方面联系，任锅吕交通站长，任命姚月盛为河头良畲交通站站长，与江西寻乌方面联络，派丘展鹏在毓秀书院教书，负责全县总交通。

1929年4月，东江特委派刘某到平远视察工作。其间，县委在东石灵水石浸堂召开全县党员代表大会，总结检查党的工作，明确工作方向。刘特派员对平远工作表示满意，指示平远要有专职人员从事党的工作。经讨论，决定李巴林为县委专职人员，以集中精力做好工作，加强与邻县党的联系，并决定建立武装队伍，开展打土豪，支持农民的革命斗争。会后，李巴林即以去广州考学为名，辞去毓秀学校教职，迁县委机关于河头太阳寨陈学生家里办公。

5月，东江特委介绍红四军来梅县时留下的修治文到平远县委任组织委员。县委主要成员有：书记李巴林，组织委员修治文、林汉偶，宣传委员曾庆禄，总交通丘展鹏。为了便于开展工作，县委机关迁回东石灵水树头塘。

9月，东江特委派沙伟文来平远再次视察，县委召开全县党员代表会，向东江特委汇报全县党务及武装活动情况。沙特派员指出："平远武装活动的失败是不懂游击战术，盲动乱动所造成"，"党仍应大力抓住群众，组织群众"。此后，县委收到东江特委拨来的党务活动经费300毫，解决了平远党组织经济困难。

（二）中共东石区委成立

1928年10月中共平远县委成立后，给全县党的工作，特别是东石全区带来有力的促进作用。1929年3月17日，经县委批准，中共东石区委在毓秀学校成立，书记曾庆禄，组织委员谢天白，宣传委员李万炎。东石区委成立后，进一步健全发展支部组织。计有灵水支部，支部书记由丘展鹏担任；铁民中学支部，以李兴桢为书记；黄行支部，以李捷淳为书记；坳上支部，以黄荣章为书记；车子岗支部，以黄佐平为书记；大仁支部，以林滚如为书记；坑背支部，以余秀兴为书记；南山下支部，以张树祺为书记。9月11日，在东石区委领导下，平远县第一个乡苏维埃政府——石北乡苏维埃政府在灵水毓秀学校成立，曾庆禄、丘展鹏被选为正、副主席。同时发展了李汉年、林华昌等人入党。从此，东石区的革命形势在石北乡的影响下一片大好，农会会员、赤卫队队员经常出击，破坏敌人的通信设施，监视敌人，散发革命传单，张贴标语，大造革命声势。在毓秀学校还公开演出革命白话剧，揭露国民党反动派的罪恶和社会的黑暗，唤起民众砸烂封建枷锁。东石区的革命形势给地主豪绅、反动当局以有力的打击，他们又怕又恨，千方百计破坏党的组织和苏维埃政府，气势汹汹，妄图扑灭正在熊熊燃烧的革命烈火。这时，东石区委决定暂时转入秘密活动。区委书记曾庆禄以"出南洋筹款办学"为名辞去毓秀学校校长职务，实则转入地下，秘密从事革命斗争。

（三）中共河头区委成立

1928 年 10 月，太阳党支部书记黄维耀代表河头参加了县委成立大会，会后，他根据县委关于加强中行、八尺发展的指示，在中行派在平远中学读书的朱福光等回到黄坑进行活动，八尺方面则派张辅高通过姻亲关系到樟田小学教书，秘密开展革命活动。张辅高在樟田发展谢耀轩、沈祥云入党，并建立了樟田党支部，接着发展与樟田毗邻的金甜村韩垂腾、韩兰芳入党，建立金甜党支部，还在上远发展了党员，建立了上远党支部，并担任这 3 个支部书记。在发展党组织的同时，还分别建立了樟田、金甜秘密交通站，由谢耀轩和郭正明各担任地下交通员。秘密交通站的建立，加强了平远党组织与寻乌党组织及驻寻乌佑头红军的联系，秘密为红军收集情报、采购物资，发动青年参加红军，驻寻乌佑头红军派红军易元发、易元丙帮助八尺建立农会、赤卫队和宣传发动群众等革命活动，平寻两地的革命力量更加紧密结合。

1929 年 2 月，县委书记李巴林等到河头指导工作，帮助太阳寨支部发展农会，建立赤卫队。支部黄维耀、陈学生等召集垂青、潭背、杞树坝农会骨干开会，决定成立河头乡农民协会，以扩大影响，会址设于新圩博爱药房，选举陈学生为会长、黄锦秀为副会长。同时成立河头乡赤卫队，由黄锦秀任队长，下设垂青、潭背、杞树坝3个分队，垂青分队队长凌裕珍（凌均发）、潭背分队队长陈维耀。赤卫队成立后，开展收缴反动枪支，打土豪等革命活动。

4月，县委书记李巴林为县委专职人员后，驻河头办公。在县委的直接领导下，河头的革命形势迅速发展，吸收了一批农运和赤卫队骨干分子加入中国共产党，成立了中共河头区委，书记黄维耀，下辖河头、中行、八尺等地。太阳支部书记改由陈学生担任。根据县委指示，河头区委发动进步青年到蕉平红军独立营参军。5月，县委机关迁回东石。陈学生参加红军后，黄维耀直接领导太阳支部的工作，带领赤卫队队员冲锋陷阵，打击土豪劣绅，没收地主资财，分发给贫苦农民度过"四月荒"，使赤卫队伍不断壮大。

其他各乡支部尚未成立区委会的仍由县委直接领导。这时，全县各级组织有了较大的发展，计有2个区委，先后建立了16个支部，发展了130余名党员。

三、蕉平红军独立营

蕉岭与平远，山水相连，人民世代友好往来。水路的坝头—樟演—柚树—徐溪—新铺是平远的重要运输交通渠道。因此，两县的革命斗争活动也紧密地联系在一起。

（一）平远与蕉岭共同组建红军独立营

1929年3月，按东江特委"蕉岭、平远尽可能暴动，或游击战争"的要求，县委书记李巴林赴蕉岭与蕉岭县委联络，恰逢油坑里半山张农民举行暴动。李巴林参与了暴动的组织指挥。战斗结束后，李巴林与蕉岭县委商讨两县工作，研究加强两县联系以及组建武装问题。

为贯彻东江特委的指示，继续有力地消灭敌人，扫除革命障碍，解决两县党的活动经费，4月初，李巴林复到蕉岭与蕉岭县委商讨，决定以蕉平边境鸭薮里为基地，共同组建武装，命名为蕉平红军独立营。商定如下：（1）蕉平红军独立营受两县县委领导；（2）兵员由两县党发动号召忠实于党的工农群众参加，筹办经费由两县县委共同负担；（3）以原蕉岭武装（称东江红军蕉岭独立营）为基础，张宏昌（蕉岭县委书记）为营长，邓崇卯（即陈远光，蕉岭县委主要成员）为政治委员；（4）装备来源除两县县委现有枪支外，动员兵员带枪弹入伍。

县委书记李巴林回来后，即着手部署发动青年应征。5月上旬，各区委各支部选送青年到鸭薮里参加红军，东石区委选送李腾二、林钦盛、林珍绪等十多人，坝头余晋华等4人；河头区委首批选送黄锦秀、陈月盛、陈家义等人，接着由太阳党支部书记陈学生带领十多名青年入伍，计20多人，被编为平远区队（连），区队长余晋华。

（二）独立营在边界割据斗争中壮大

蕉平红军独立营建立后，边集训、边武装出击，活动于梅县的悦来、白渡、石扇，蕉岭的新铺、三圳、尖圳、徐溪，平远的柚树、长田、坝头、大柘等地。5月底，蕉平红军独立营夜袭热柘乡公所，打响了平远武装反抗国民党反动派的第一枪，缴枪10支、子弹300发，还没收了土豪刘耀合的财物一批。7月，得到平远林荣贤密报：有陈炯明残部8人到平远中学住宿，带有2箱子弹。7月12日，邓崇卯、巫志光等率独立营及部分群众积极分子，编为便衣队、先锋队、大刀队、破坏队等，星夜出发，经柚树圩到达贤关村，首先收缴了国民党平远县党部主任林自佐家藏的枪支2支、弹药400余发，然后转大柘乡公所，又收缴枪支子弹一批。当蕉平红军独立营到平中时，才知陈炯明残兵8人已于前天撤离，2箱子弹也由国民党县政府派人运走了。该日，红军在大柘圩开展宣传，红旗飘扬。月底，独立营武装出击悦来圩，消灭了自卫队，缴长枪20多支，驳壳枪1支，大获全胜。

蕉平红军独立营成立2个月来，接连收缴反动枪支弹药壮大自己，共缴获各式枪支40多支，兵员从成立之初的80多人增至140多人，编为两个连（蕉、平两县各一连）。独立营主要活动于两县边境蕉岭属的油坑、黄沙、三坑、寨子坑，平远县属的柚树、坝头、大柘、长田及梅县属的白渡、悦来、石扇等地，通过散发传单、标语，破坏敌人的通信设施等活动扩大政治影响，使周边地区一片赤色气氛，土豪劣绅的气势被压倒。广大人民对党的认识不断提高，纷纷参加斗争，加入农会，震惊了三县的国民党反动派。

7月间的一个晚上，张宏昌亲自查哨，不幸为哨兵误伤，左肩胛中弹，伤势严重。张宏昌负伤后，营长改由巫志光（五华人，九龙嶂红军学校毕业生）担任。

（三）独立营遭梅蕉平反动当局"合剿"被迫解散

7月下旬，梅、蕉、平三县反动当局联合"进剿"三坑鸭薮里，蕉平红军独立营处于强敌的包围之中。反动武装兵分三路：蕉岭一路500人，由钟成德、钟保兴带路，从徐溪、黄沙直入三坑；梅县一路600人，由曾喜顺带路从石扇方面翻山围拢过来；平远一路500人，由叶功成、张小梅、凌育俊、朱绍良领头，从片金溜包抄而来。由于鸭薮里地势险要，山高路陡，林草茂密，敌人只得在白天小心推进，用火烧山围攻。红军仅150人，与敌对峙两日，山头阵地逐渐为敌人占领，敌人逐渐收紧包围圈。在这紧要关头，营委为保存力量，决定指挥队伍向平远方向突围，实现到寻乌丹溪与寻乌红二十一纵队汇合的计划。虽奋力突出包围，但平远民团穷追不舍。战斗中，陈学生不幸左臂中弹，仍以顽强意志跟着部队突围，转战热柘的柚树、坝头的贤关。在热柘至大柘途中又遭截击，红军尖兵李腾二、余泉昌（坝头程西人）两人被敌俘去杀害于坝头。红军经七子岽到达河头河清枫树坝，又遭叶子畲李碧豪匪部及仲石、八尺民团阻击，因此突向丹溪的计划取消，改向东石。入晚后，红军引燃爆竹疑敌，摸黑走向深山小道，攀山越岭折回东石。

红军到达东石车子岗时，已是天亮，车子岗支部黄佐平等为红军煮粥充饥。红军不敢久留，在洋塘山背田寮里稍事休息后，向蕉平交界的铁山嶂开拔，以图开辟红色地区。

当红军次日凌晨到达锅岙村，发现当地中共党员林佐山受其父亲左右，不愿红军在其村里活动。这时，从鸭薮里跟踪之敌复又追来，红军营委决定转入蕉岭黄坑。到达黄坑后，经前哨探听得知鸭薮里已被敌人烧光，而蕉岭"围剿"红军之敌尚未撤退，仍驻五里径附近。据此情况，独立营营委作出"为保存红军，将队伍化整为零，藏入民间，待机再起"的决定，蕉平红军独立营被迫解散。

平远籍队员黄锦秀等十多人辗转潜入丹溪，加入丹溪赤卫队，与丹溪群众一起开展革命斗争，从而使平远党的武装得以保留下来。陈学生因伤口发作，伤势严重，无法随队入丹溪，组织派人护送其回家藏匿养伤，被敌人觉察后，在革命群众的掩护下多次脱险，辗转黄坑、儒地等地隐匿医治枪伤，伤愈后继续坚持革命斗争。

四、反"清乡"斗争

独立营解散后，国民党反动派妄图趁机将平远的中共党组织赶尽杀绝。1929年8月，平远县国民党反动当局在全县开展疯狂的"清乡"，县长梁石荪亲驻河头，成立了河头清乡委员会。最先派出县警中队配合河头自卫队到太阳捉拿农会、赤卫队领导人，对正向河清转移的赤卫队穷追不舍，黄维耀率赤卫队在水坑里的乌畲搭山上与追敌展开激烈战斗，赤卫队队员陈月盛被捕杀。8月13日，黄益谦、刘仁仙带领"清乡"队（河头乡自卫队）到河头太阳"清乡"，捕杀了陈维汉、陈星辉、陈瑞荫，并大肆掳掠勒索，群众深受其害。11月，河头区委组织赤卫队镇压了当地土劣、国民党河头"清乡"委员陈耀堂。1930年4月，又组织袭击河头乡公所，决心除掉乡长刘仁仙，以推动河八工作，影响全县。不料，因事机不密，区委书记黄维耀反被刘仁仙捕去。敌人诱捕得手后，对黄维耀软硬兼施，极尽讥讽、谩骂之能事，并对他严刑拷打，但他大义凛然，充分表现了共产党员为了马列主义视死如归的革命气概。最后，黄维耀被残酷杀害，年仅25岁。他牺牲后，区委书记由陈学生担任。

梁石荪在坝头"清乡"，对共产党员、农会干部、蕉平红军独立营战士严加缉拿。蕉平红军独立营平远区队队长余晋华潜回家中后，在家无法藏匿，便隐蔽在附近的老福堂屋背的荆棘丛中，由余金生（共产党员）送饭，后又转移到余进贤屋中藏匿十多天。梁石荪抓不到余晋华，便将余晋华叔父余兆修拘捕到坝头乡公所，迫令革命群众交人。党和农会赤卫队组织领导人余宝贤、余秀兴、余芹三、余炎秀、林荣贤、林传兴、张新民、张运保、张昌五等均遭通缉，家属被勒索。在这白色恐怖形势下，为了免遭杀害，他们都先后找途径避往南洋马来亚等地，伺机回来继续革命斗争。因县绅饶菊逸等对梁石荪"清乡"非常不满，中共县委鼓动被害家属找饶菊逸等泣诉，控诉梁石荪，不久，梁石荪被撤去县长职位。但是，继任的国民党县长罗骏超有过之而无不及，妄图置共产党人于死地。10月间，罗骏超下令逮捕东石的李巴林、林汉倜、朱昌洪、林筠度等人。林筠度被捕，其余李巴林等人隐蔽转移。

第二节　红四军三进平远

一、红四军移师石正首进平远

（一）贯彻中央指示，出击东江梅州

1929 年 10 月 19 日，红四军前委执行福建省委转来中央关于"要开到东江去工作，使闽西东江联成一片……"的指示，军长朱德和参谋长朱云卿率领红四军 3 个纵队 6000 多人，兵分三路向东江（梅州）地区挺进：第一纵队由林彪、熊寿祺、萧克率领从福建上杭，经武平、蕉岭南礤下梅县松源；第二纵队由刘安恭、张恨秋率领从上杭出发，取道永定，于 10 月 19 日在大埔虎市击溃国民党驻军后进入梅县松源；第三纵队由伍中豪、蔡协民率领从武平出发经蕉岭北礤到梅县松源。刚从上海向中央汇报工作并带回中央指示的陈毅，亦于 22 日晚与红四军军部及 3 个纵队会合。23 日深夜红四军撤离松源，24 日晨抵蕉岭县城，25 日从蕉岭攻入梅城，26 日撤到梅南，27 日至 30 日转入丰顺县马图山区休整。朱德在此召集各纵队司令员、参谋长及东江特委负责人，丰顺、梅县地方党的负责人召开军事会议。31 日下午，反攻梅城，

梅城守敌负隅顽抗，且大批援军迫近，于是，红四军主动撤出战斗，由共青团梅县县委书记卢伟良担任向导，引领红四军第一、二、三纵队，经城北、大坪、梅西向平远进发，按原定计划向北转移至寻乌、安远。

（二）石正传达贯彻中央九月来信

1929 年 11 月 1 日，朱德、陈毅、朱云卿等将领率领红四军陆续抵达石正，军部和领导人驻在石正天主教堂（现石正小学），部队驻扎在石正中学和附近乡村农家。中午，红四军在石正圩召开群众大会，宣传共产党、红军的政策主张和革命道理，还在石正圩上书写了很多墙壁标语；朱德还到石正中学向师生作了题为"要为革命读书，读书不忘革命"的演讲。晚上，在石正天主教堂，陈毅主持召开了前委扩大会议，总结了出击东江梅州的经验教训，传达贯彻了刚从上海带回来的党中央指示（即中央九月来信）精神，开始纠正红四军内部各种错误思想，确立党对红军绝对领导原则，明确"一定要经过群众路线"的工作方式，并形成《前委报告》报粤省委转报中央。这次会议，为以后古田会议的顺利召开做好了充分的思想和组织准备。

红四军首进平远期间，石正人民主动献粮送茶，自愿运送辎重粮草并充当向导。11 月 2 日，红四军离开石正往寻乌岑峰，寻乌红二十一纵队司令员钟锡璆在阳天嶂迎候，并派人前来引路，红四军顺利转移到江西寻乌大田休整。

二、红四军奔向古田二进平远

（一）取道角坑赴闽西

红四军在寻乌大田进行休整，安顿了伤员，其间陈毅再次写信请毛泽东回红四军前委工作。为获取消息及解决经济问题，1929 年 11 月 6 日，红四军游击至安远，11 日返回寻乌留车。

红四军主力第一、二、三纵队为与毛泽东及红四军第四纵队汇合，深入研究贯彻中央九月来信精神，准备召开中共红四军第九次代表大会（即古田会议），决定回师闽西。13 日，红四军从寻乌留车乡的石背上寨出发，翻越海拔 1030 米的角山嶂，沿着古驿道进入广东平远八尺乡角坑村。红四军利用行军的空隙，先后在角坑的马栏铺和老圩的九乡公学召开群众大会，宣传共产党和红军的政策主张，号召农民组织农会、赤卫队，打倒土豪劣绅，打倒国民党反动派。红四军在沿途墙壁上书写"打倒国民党□□□，红军（十一）""打土豪分田地"等宣传标语。

（二）红四军首占平远县城

13 日下午 4 点多，红四军大队人马擎着红旗，浩浩荡荡到达平远县城（仁居）城南地带。队伍分两路进城，一路经马鼻岗、石夹子、先农祠、洗脚塘、岗上，过真武桥、下街、南门岗，由南门而进；另一路从飞龙的松山背进入城南的岗坊、乌石岗，过青云桥，由新东城门而进。得悉红四军进占平远的消息，国民党平远县政府的官员都早已逃之夭夭了，留下不堪一击的警察排，经不住红四军出其不意的攻击，便乖乖地缴了械。当晚红四军胜利地攻占了平远县城，军部设在仁居中学，军长朱德、前委书记兼政治部主任陈毅、参谋长朱云卿等住在仁居中学。

红四军进占县城后，收缴了国民党警察局的全部军械，破开国民党监狱，释放全部犯人。第二天，军长朱德在县政府广场亲自为大家演讲。广大劳苦大众为什么会这么穷？生活这么苦？他认为，根源就是国民党反动派和土豪劣绅的压迫和剥削，所以群众要团结起来，成立农会、工会、商会，组织赤卫队建立自己的苏维埃政府，打土豪、分田地、闹革命。红军是中国共产党领导的、工农群众自己的军队，是来打倒压迫平远人民的白军，帮助大家打土豪、闹翻身的军队。朱德还讲到男女要平权、婚姻要自主的道理。整个广场挤满了听讲的群众，大家听得津津有味，不时响起热烈的掌声。随后，朱德又在中学操场再次演讲，并开展政治宣传工作，张贴红四军司令部布告，散发传单，在街头巷尾、民房和祠堂的墙壁上书写大量的革命标语，并在百姓中教唱革命歌曲《红军歌》《红军纪律歌》和《共产主义歌》等。有力的宣传鼓动，使群众对党的性质、政策和红军的任务等有了正确的认识，民众坚定了跟着共产党闹革命的信心与决心。

15日，红四军离开平远县城，当日转移到差干湍溪村，朱德、陈毅、朱云卿驻文兴小学。16日，向福建武平开拔，回师上杭。红四军由赣南回师闽西二进平远，虽时间短，但为平远农民运动大造了声势，鼓舞了广大农民，许多村庄的农民纷纷组建农会、赤卫队。同时，给当地的土豪劣绅予以有力的打击，意义重大。

三、反"会剿"与武装暴动

（一）县委机关迁入丹溪根据地

1929 年 9 月，东江特委派员巡视蕉岭、平远，总结了蕉平红军独立营失败的教训，指出：党应加强对武装斗争的领导，尽力抓住组织群众工作，依靠农会、赤卫队对付国民党反动派，把斗争推向前进。

在红四军的政治影响和鼓励下，中共平远县委决心重振武装继续斗争，并决定将县委机关转移至丹溪，以原蕉平红军独立营黄锦秀等十余人为基础，建立革命武装，重新开展工作局面。11 月，在兴（宁）平（远）寻（乌）龙（川）四县县委书记联席会议上，将平远属大信乡划归兴宁，将寻乌属丹溪乡划归平远。

12 月，中共平远县委发动县区党员骨干转移到丹溪，以丹溪木畲头为县委机关驻地，调易儒峰为县委干事，将丹溪划为平远第八区，同时成立丹溪区委、区苏维埃政府和区赤卫大队，区委书记赖守仁，区苏维埃政府主席钟国仁，副主席赖□□，区赤卫大队大队长何洪，有 60 人枪，全区有李坑里、木畲头、竹岭 3 个党支部。从此，平远县委开始了与寻乌等县委密切配合，并肩战斗的艰苦岁月。

（二）兴平寻龙四县红色武装反"会剿"

1930 年 1 月，兴平寻龙四县反动武装对寻乌以大田（寻乌县委、县苏驻地）为中心的红色区域进行联合"会剿"。1 月 23 日，敌 3000 余人分五路围攻大田。丹溪一路以平远县警 3 个中队为主力，结合叶子畲李碧豪部和河八地方民团 800 多人；牛斗光一路以澄江谢家猷部为主力，计有兵力 500 多人；龙图一路以寻乌县警为主力，计 500 多人；篁乡一路以龙川县警为主力，计 500 多人；大信一路以兴宁罗江谢海筹、陈尧夫部为主力，计 600 多人。当时寻乌红二十一纵队 400 人，可配合的地方赤卫队 300 人，合共才有 700 人兵力。虽然敌我力量众寡悬殊，但为了保卫苏区，保卫全县党的革命事业，只有跟敌人斗争，斗可求存，不斗则亡。当时兴平寻龙四县红色武装的反"会剿"战略是：在敌未接近大田时，先找其薄弱一环，击溃其一路，使其各路观望，然后再择击其一路，使敌"会剿"解体。首先击溃了寻乌牛斗光来犯之敌，消息传出，龙图大信两路之敌观望不前，只有丹溪一路敌人仍然继续来犯。这一路由罗骏超、李碧豪率领，两人均勇猛好战，因此负责防守丹溪的中共平远县委及其赤卫队六七十人面临着一场鏖战。为了拖住敌人，赢得时间，使整个反"会剿"计划得以实现，丹溪赤卫队利用熟悉地势的优势，山山抵抗、步步为营，千方百计拖住敌人。敌人被赤卫队阻击 1 天后才进入丹溪，在丹溪又被阻击了 2 天，双方你攻我夺，第 4 天敌人才进入彭皮湖，第 5 天进入大田。这时，阻击牛斗光之敌的红二十一纵队已胜利回来，大信之兴宁县赤卫大队亦已赶来增援，战斗力大大加强。次日，红军组织反击，分三路进攻，赤卫队协助之。经 3 个小时激战，7 次冲锋，终于将敌人阵地冲毁。平远匪首罗骏超在红军追击之下，狼狈不堪，丢大衣、撒银元企图拖住赤卫队，最后弃轿而逃。是役毙敌十余人，缴获敌人枪支 100 余支，子弹一大批，生俘李碧豪部第三大队长胡光明和八尺、河头民团 60 余人。

但是，罗骏超不甘失败，再次串通寻乌县反动武装 2000 余人，以一路重兵由牛斗光直压大田。是役，虽击毙平远县警中队长凌育俊，但因赤卫队弹药不继，力量众寡悬殊，大田被敌攻陷，四周碉堡及民房被敌焚烧殆尽，革命群众遭受残酷摧残。

（三）蕉平县革命委员会成立

1930 年 1 月 30 日，东江特委派刘光夏视察蕉平，住在蕉岭下畲刘接盛家。春节后刘光夏从蕉岭三坑到平远热柘磜尾村、热水完里、坝头南山下等地巡视，对蕉平农民运动表示满意。

3 月底，中共平远县委书记李巴林巡视河头、八尺、东石、坝头后前往鸭薮里蕉岭县委驻地，见到张昌英（鲁达），得知东江特委已于去年 11 月向省委报告，提出蕉平两县党组织合并为一个县委，并调鲁达等到蕉平主持工作。12 月，省委批准了这个报告。嗣后，东江特委派张昌英任蕉平县委书记。李巴林回丹溪传达了东江特委指示。但因红四军分兵平远，蕉平合县一事被搁置下来，并未合并，平远县委与蕉平县委并列存在。

4 月，根据东江特委指示，在蕉平边区成立了蕉平县革命委员会，主席赖清芳，委员张昌英、邓崇卯、陈德明，以蕉平县革命委员会名义张贴布告，开展土地革命宣传，打土豪分田地，建立苏维埃政府。

这时，热水磜尾、完里、店塘岗等地农民，在蕉平县委、蕉平县革命委员会领导下，积极贯彻党的西北七县联会关于"抓紧秋收斗争，以秋收斗争为中心任务，发动斗争，扩大红军。在赤色割据区域中，建立工农兵代表大会政权，实行没收地主阶段土地，分配给少地无地的农民"的指示精神，扩大农会和赤卫队组织，还印制了土地调查分配表格，发动农民分田建政。5月17日，热水赤卫队出动打土豪，清算磜尾下村土豪劣绅叶澄文、叶瑞珍，把他们的家财全部没收分给贫苦农民。紧接着于5月28日至31日，先后4次出动打土豪，取得出色战绩并产生极大影响。6月6日，张昌英、邓崇卯等蕉平县委领导人在完里主持召开群众大会，宣布成立蕉平县革命委员会热水乡支会，选举曹进洪为主席。委员有刘接盛、曹柏生、钟木灵、吴祥灵、曹鼎生、曹柏灵等。支会的任务是扩大组织，扩大根据地，彻底摧毁反动政权，迅速发展革命势力。

（四）组建红五十团开展武装暴动

1930年2月中旬，刘光夏在寻乌主持召开兴（宁）、平（远）、寻（乌）、龙（川）四县联席会议，组织红军五十团。红五十团以寻乌红二十一纵队为基础，抽调各县赤卫队充实之，团长刘光夏，政治委员陈俊，参谋长邝才诚，政治部主任袁荣。红五十团在大信进行编练整训，转战于平远与寻乌一带。

2月中旬末，红五十团进攻平远石正乡公所，歼灭敌团防队，缴获100多支枪及子弹。接着进攻八尺，摧毁了八尺乡公所，焚毁乡自卫队驻地——八尺文祠，没收了八尺圩"文合福"商店一批物资。同时，红军还到肥田一带开展宣传，打土豪。2月下旬，石正谢福生、王藻二、凌芹生等十多人接应寻乌赤卫队200多人在石正圩暴动，没收了15户土豪的浮财。

这时，寻乌境内，赤色区域占大部分，唯澄江、吉潭、三标及县城镇仍为反动武装把持。在这些地方中，反动势力以澄江谢家猷为最强，约有500人枪。红五十团为了完成赣粤根据地连成一片的计划，决定集中兵力捣毁澄江谢家猷部，但由于战略上对敌人力量估计不准，战术上采取全面包围式，加之红军地形不熟，致红五十团反为谢家猷部包围，团长刘光夏、参谋长邝才诚在突围中牺牲。

3月，东江特委决定将兴（宁）平（远）寻（乌）龙（川）及梅西划为东江第五军区，曾毅生为军区主任。军区活动范围在大信、留车、篁乡一带。

4月，县委组织丹溪赤卫队攻打仲石。由于反动势力过于强大，战斗失利，中队长黄锦秀在战斗中受伤（后转移到良畲黄泥排养伤，被敌捕杀），赤卫队返回丹溪。适时红四军到安远、寻乌，扫除了两县反动势力，分别建立了县苏维埃政权。

四、红四军第一纵队分兵平远

（一）县委部署接应红四军

1930年3月18日，以毛泽东为书记的红四军前委在江西赣州楼梯岭发布《前委通告第三号》，作出指示：3个月分兵游击，发动群众，深入土地革命，巩固和扩大革命根据地。5月，红四军决定派出第一纵队分兵平远、安远和寻乌。

5月上旬，中共平远县委接到红四军将来平远的通知，当时中共平远县委拥有东石区委（下辖东石灵水、黄行、联中、坳上、车子岗、大仁、洋背、茅坪，坝头的坑背、南山下、樟演支部）、河头区委（下辖太阳、杞树坝、良畲、快湖、儒地、上远、黄坑支部）、丹溪区委（下辖木畲头、里坑、竹岭支部）以及石正安仁、乌石支部、平远中学支部等，计有3个区委、24个支部，另还有分散在各区的零星党员，如仁居的严东屏、大柘的姚杰士、差干的谢德清、下坝的赖宽淼，全县有党员160多人，农会会员1万多人。

中共平远县委立即作出紧急决定：（1）派组织委员修治文与红四军接头，报告平远县委组织状况及东江敌人分布情况。（2）派李巴林、易儒峰分别到东石、河八布置配合红军工作。（3）每区派定党员负责规划和主持暴动事宜。（4）动员群众严密监视土豪劣绅的行动。（5）尚未有组织的地方，派定专人负责，迅速组织起来，争取与已有组织的地方共同行动配合红军开展暴动。（6）传达暴动纪律，使每个党员知悉：①不得损害农民一草一木；②不得私打土豪；③不得窝藏和放走土豪劣绅、反革命分子；④无县委命令不得杀人；⑤无县委命令不得烧屋。（7）抽调丹溪区赤卫大队100人，随红四军进城，为平远县城城防部队。

县委秘书易儒峰深入河八布置接应红军工作，其时，因河头区委书记黄维耀被国民党河头乡公所逮捕杀害，敌人气焰嚣张。易儒峰与陈学生、张辅高一起，秘密召开区委扩大会议，传达县委决定，落实配合红军的各项工作。陈学生在河头一面发动群众加紧充实和训练赤卫队，一面调查地方反动势力情况，以迎接红四军的到来。

东石、坝头人民在东石区委的宣传发动下，做好各项接应准备工作，群情振奋，表示届时坚决拥护和参加暴动。5月11日，县委书记李巴林由丹溪返抵东石，在灵水召集曾庆禄、丘展鹏、黄荣章、丘南兴等八九人开会布置迎接红四军来平远工作时，被国民党县警中队包围，丘展鹏为掩护其他同志撤退被捕，于畲脑牺牲，年仅34岁。

（二）红四军再占平远县城

5月14日，红四军第一纵队分两路挺进平远。一路由甄士光率第三支队从寻乌属满坑出发，于8时45分进入八尺筀竹乡，击溃企图阻拦的九乡五社后备队，毙敌2人，伤1人。叶子畲潘满山部、八尺韩逸炉等反动武装闻讯均深藏山薮。红军即在河头八尺发动群众，开展土地革命。另一路由纵队司令员林彪、政治委员彭祐、政治部主任谢唯俊率领，由寻乌吉潭经大畲坳、分水坳、邹坊至仁居。红军到达麟石山下时，冯乘六的地方反动武装居高临下占领麟石山企图阻击，但红四军以优势的兵力，绕过敌人的火力点，抢占对面几个山头，集中火力有力地击溃反动武装的阻击，胜利地占领了平远县城。国民党平远县长罗骏超弃城逃跑，在县城通往东石的畲脑、山子坳一带驻足，妄图控制局势。红军当日进驻县城，纵队司令部及林彪驻县府右侧的泰山萧公祠，政治部及其主任谢唯俊驻附城中学（现为仁居中学），政治委员彭祜驻东门街华宝楼。

当日，全县城乡一片沸腾，欢庆红四军入驻。红四军释放被关押的中共党员张洪辉、赤卫队队员姚科元等人。同时对群众开展政治宣传和安民工作，帮助人民群众认识红军，认识共产党。一是挨家挨户开展串连发动，召开座谈会、群众大会，宣传红军的性质、宗旨和政策，明确提出：红军是工农的军队，是穷人的军队，红四军是帮助工农打土豪的，白军是帮土豪压迫工农的；红军中官兵薪饷吃穿一样，白军里将校尉起居饮食不同。二是用棕做笔，熬煮墨角、乌烟作颜料，书写墙壁标语，开展革命宣传。据统计，平远保存完整、字迹清晰、内容不同的红军墙标共 123 条，仅仁居就有 114 条。这些墙标唤醒了人民群众，使人民群众懂得了革命道理，认识和了解了共产党领导的红军是人民的军队，从而看到了中国的希望，踊跃参加赤卫队，加入农会、工会、商会，协助红军筹集饷款。三是教唱红军歌曲。其中有一首《红军纪律歌》：

红军纪律最严明，爱护老百姓，到处受欢迎，
公买公卖不相欺，保护小商人；
工农如兄弟，穷苦更相亲，说话要和气，开口不骂人；
士农工商，穷苦大众，个个都欢迎；

出发与宿营，样样要记清，上门板，搬禾草；

房子扫干净，借物要送还，损坏要赔钱，大便找厕所，洗澡避女人，纪律要牢记，大家照此行；

军队与百姓，团结一条心，土豪劣绅白狗子，一定能肃清。

红军在认真开展政治宣传时，更是言行一致，纪律严明，因此博得群众的信赖和拥护。在仁居大部分红军住在学校及祠堂里，如仁居中学、韩家祠、李家祠、泰山萧公祠等；也有一部分住在老百姓的厅堂里，如善友草庐、官塘唇李屋、老东门街谢屋等，特别是在老东门街谢屋留下大量的宣传标语。他们不骚扰百姓，不喝酒，不赌钱，说话和气，买卖公平，纪律严明。因此，全城各商店很快恢复了营业，外出躲避的群众也都很快回来，到第三天便秩序井然。盐业、京果业等的老板积极组织货源，雇人到福建武平的下坝圩挑运食盐、菜脯、咸鱼、杂货（往大柘方向有国民党军队拦截）。米铺的老板积极组织工人加工大米，老百姓宰猪杀牛，做好红军的补给，市场更加繁荣。

红四军进占平远县城后，县委特派代表黄荣章等及时与彭祜接洽，中共平远县委即从丹溪迁回进驻县城，并率百名赤卫队队员进城作为城防部队。县委机关先驻林家祠，后搬迁至东门平阳楼。

县委除协助红四军开展工作外，在附城依靠党员严东屏及各村进步分子黄志贤、黄振欧、俞志雄、陈兴良等20余人，发动群众响应红军。经过发动，附城农民踊跃加入农会，组织赤卫队，仅 3 天时间就把附城农工组织了起来。

（三）平远县革命委员会成立

5 月 17 日，县委在东校场召开群众大会，热烈欢迎红四军进驻平远，宣布成立平远县革命委员会，主席陈学生，秘书黄荣章，财政科科长林敬庭，以林家祠为县革命委员会机关驻地。同时宣布成立平远县模范赤卫大队，大队长由红四军派来的军事干部陈炳南担任，有 100 余人枪，以县商会为模范赤卫大队队部，并宣布成立全县赤卫队总指挥部，统一全县赤卫队的行动，总指挥由县委书记李巴林兼任，政治委员黄荣章，参谋易儒峰。同时组建了县总工会，主席黎远树，副主席姚三和，仁居工会主席黎光，成立了仁居商会，主席丘尚捷。

县委在红四军指导下，召开了全县党员代表大会，参加会议的有 40 多人，彭祜、谢唯俊到会指导。会议主要议程是讨论建立县区红色政权问题和研究制定全县分期分批暴动计划。决定将全县划为 8 个行政区，建立相应的党政军组织。

第一区（仁居区），辖仁居、邹坊、黄畲 3 乡，区革命委员会主席严东屏，赤卫队队长郑祥，有队员 40 多人。第二区（河八区），辖八尺、河头（包括中行）2 乡。区委书记兼区革命委员会主席张辅高，区农会主席肖碧堂，粮食主任肖梓珊，农会委员易元发、韩应崇，赤卫队队长朱福光，指导员易元发（兼），有队员 70 多人。第三区（东石区），辖东石、泗水、坝头 3 乡。区委书记兼区革命委员会主席曾庆禄，秘书黄立丰，财政委员刘仁清，赤卫队队长曾达光，有队员 80 多人。第四区（大柘区），辖大柘、超竹 2 乡。区革命委员会主席姚若梓，秘书李万炎，财政委员谢天白，赤卫队大队长姚杰士。第五区（石正区），辖石正 1 乡。第六区（长热区），辖热水、小柘、长田 3 乡。第七区（差干区），辖差干 1 乡。第八区（丹溪区），辖寻乌丹溪属茅坪上村、茅坪下村、里坑、彭公寨 4 乡（原平远属大信划归兴宁）。区委书记赖守仁，区苏维埃政府主席钟国仁，赤卫队有 60 多人。

（四）平远"五月暴动"

党代会议后，中共平远县委、平远县革命委员会在红四军帮助下，领导全县按计划分期分批开展以打土豪、分田地、建立红色政权为主要内容的武装暴动。每期七天，第一期在一区、二区，第二期在三区，第三期在四区，第四期在五区、六区。参加者达 6 万余人，占全县人口 60% 以上。此次平远全县有计划的暴动，推翻了国民党政权，建立了县区乡红色政权，成立了县革命委员会和 4 个区革命委员会，区以下设乡、村农会，县区乡和村均成立了赤卫队，大力巩固和发展了平远苏区，史称平远"五月暴动"。

第一期在第一区仁居、邹坊、黄畲三乡，第二区八尺、河头（包括中行）开展农民暴动。第一区在县革命委员会指导下，乡、村农民协会、赤卫队相继成立。仁居乡农民协会主席严福泰，宣传委员王云彬，财粮委员冯宗仪，军事委员马俊，农协委员吴杞寿、冯桂德。乡以下各村均成立农会，仁居村农会主席陈添福，飞龙村农会主席赖文汉，城南村农会主席冯宗椿，五福村农会主席林德祥，麻楼村农会主席陈王衍，邹坊村农会主席马俊，下畲村农会主席张忠庭，六吉村农会主席卓炳凤。

与此同时，相继建立各乡工农武装赤卫队，在红四军帮助下，领导广大群众打土豪，与长期压迫剥削穷人的土豪劣绅、国民党反动派开展针锋相对的斗争，不纳税、不还粮、不还土豪的账、收缴枪支、没收财物。如邹坊农会、赤卫队在马俊等率领下，连续出动到欧畲、邹坊、塘背、磜头分水坳打土豪，缴枪、没收财物，所获甚丰：共没收稻谷112石，大洋400多块，枪6支，茶油140斤，衣服6箱，以及契约、金银首饰等一批。仁居乡农会财粮委员冯宗仪及仁居、井下、城南、飞龙等村组织群众到所在村打土豪，收浮财共计：稻谷275石、大洋1350块及家庭物资一大批。打土豪所得，谷子衣物分给贫苦农民，大洋上交红军作军饷。广大群众群情奋发，笑逐颜开，土豪劣绅威风扫地，如丧家之犬。

接着，在县区革命委员会领导下，仁居以村为单位，开展分田运动，实行"耕者有其田"政策。有些是一边打土豪，一边分田。分田的办法很简便，先开动员会，由农会做计划，一般以原耕地为基础，每人约两担谷田，裁丰补少，抽肥补瘦，然后用干边纸做成小三角旗，上面写上"耕者有其田，分给某某人"，插在所分配的田块上，并由农会宣布：某某地方某某地块，面积多少，分配给某人，永远不再向土豪劣绅交租。此外，仁居区革命委员会还发动革命青年参加红军。广大青年革命热情高涨，有王世达、马文联、黎远树、黎阐幸、严东屏、卓广英、潘奕奇、陈新良、亚银子、陈炎妹、马进元等十多人参加了红军。

第二区所辖河头、八尺两乡由红四军第一纵队三支队直接入境，以不可阻挡之势压倒反动势力。在河八区区委书记、革委主席张辅高的领导下，农会及赤卫队队员迅速摧毁了两乡的乡公所、自卫队，分村分片派人协助红军小分队，因有组织基础，河八区群众积极响应暴动，迅速开展轰轰烈烈的打土豪、收缴反动枪支和分田地的斗争。河头的太阳寨、潭背、杞树坝、良畲、中行、儒地等村庄，群众非常踊跃，每家每户，不分男女老少，都纷纷参加暴动。

在区革命委员会的指导下，八尺全面建立乡（村）苏维埃政府、农会、赤卫队：（1）四维乡苏维埃政府（含大同），主席韩永联（兼农会主席），赤卫队队长韩德林，赤卫队队员20多人，枪20多支；（2）养蒙乡苏维埃政府，主席兼农会主席肖碧堂、赤卫队队长斯渊、副队长肖俭阶；（3）德士乡苏维埃政府，主席兼农会主席肖锡玉、副主席肖增宜、赤卫队队长肖荣锡；（4）横回乡苏维埃政府，主席兼农会主席李梦贵、赤卫队队长肖锡潘；（5）龙文乡苏维埃政府，主席兼农会主席张思聪，赤卫队队长张思荣，副队长陈晋光，赤卫队队员9人，枪2支；（6）楼前乡苏维埃主席张□□，干事张思聪，赤卫队队长张思荣，副队长陈晋光。另外比较分散的村，如凤头、石峰、樟田、金溪、南塘、黄沙、上远、笙竹等村也建立了农会和赤卫队。全乡农会会员达4500多人，乡以下赤卫队队员108名，打了40多户土豪，没收稻谷 1000 多石、大洋 15000 多块、生猪 100 多头、布匹及其他物资一大批。斗争成果除上交红军，补充部队给养外，全部分给了农民。同时还没收了地主的土地，按人口平均分配给农民，边分边插上三角红旗，几天时间，全乡各村大片小段山田，到处红旗招展，广大农民欢欣鼓舞。

第二期开展暴动的东石、坝头两乡农民，在东石区委领导下，积极做好迎接红四军的准备工作。15 日，东石乡东汶村农民云集崇德学校，组织成立了农会、赤卫队，推选林举伊为农会主席，林阿发妹、林举全四为赤卫队正、副队长，于次日即出动打土豪，至 25 日打土豪计 40 余户，收获甚丰。

在红四军占领平城的胜利形势鼓舞下，东石农民摩拳擦掌，东石区委根据群众的要求和斗争的需要决定派人前往仁居与红军取得联系。但是，国民党县长罗骏超逃出县城后，仍率县警三个中队盘踞畲脑，封锁了交通要道。怎样才能通过敌人的封锁线，尽快与红军联络呢？石北乡赤卫队队员个个英勇争先。首先有白岭村赤卫队队员曾福香主动要求到仁居送信。他把区委写给红军的信藏在斗笠里，但行到畲脑地段时，被敌人抓住。敌人企图从他身上得到情报，采用毒辣手段，严刑拷打。曾福香坚贞不屈，被敌杀害。曾福香被害的消息传来，石北人民无比气愤。队员刘矮三接替前往仁居。他装扮成乞丐，翻山越岭来到了畲脑地带。面对敌人的盘查，他装出一副可怜的样子伸出双手，连声乞讨，但作恶成性的敌人连"乞丐"也不放过，把刘矮三抓去审问。刘矮三被敌人倒吊在屋梁上，脖子挂着装满石块的大菜篮，反复审了一天一夜。刘矮三直到被折磨至死，始终未吐露一句党的秘密。

灵水村队员林登寿听到两次给红军送信的同志都被敌人杀害，义愤填膺，主动要求送信到仁居。他化装成货郎，在途经畲脑时，又落入敌手。敌人先是花言巧语诱他，而林登寿装得一无所知。敌人见软的不行，又使出看家本领，把他打得死去活来。林登寿在敌人严刑拷打下毫不屈服，也惨遭杀害。

对敌人的凶残，石北苏区人民不仅不怕，反而激起对敌人的刻骨仇恨。队员李万均、林庆洪主动请缨，他们明知征途艰险，但毫不畏惧。绕道大和嶂，经上举、乌柏溪到达仁居，见到了日夜盼望的红军，转达了石北苏区人民的强烈愿望。

5月20日，县委经与纵队商量，红四军决定派一个小分队去打通畲脑通道。罗骏超闻讯而逃。当日红军到东石接区委书记曾庆禄等到仁居，商议红军推进东石，协助东石、坝头开展暴动事宜。5月21日，红四军第一纵队派出一支队，由队长王良、党代表李赐凡率领推进东石，协助三区区委开展暴动，建立区革命委员会政权。

红军分两路开进东石，一路走洋背大路，一路走连鲤塘小路。东石赤卫队亦分两路迎接，引导红军包围敌军。红军势不可挡，敌人闻风即逃，红军抵达石北后，苏区人民无不欢呼雀跃，争相慰劳红军，党员、团员、妇女、儿童团员、农会会员、赤卫队队员夜以继日奔走发动群众，成立了石北乡革命军事委员会，推选林华昌、李洁夫为正、副主席。石北赤卫队壮大到150人，林昭远任大队长，选派30多人参加县模范赤卫队，派50多人驻东石圩，其余留驻石北。东石、坝头达到了全境全面暴动，并远及泗水、中村、小柘等地，每天出动 2000 多人分队，分批轮番打土豪、斗地主。22 日，成立了坝头乡苏维埃政府和坝头乡赤卫队，下旬，东石坳上乡苏维埃政府成立，主席黄福连，委员黄运恩，赤卫队队长黄军权，队员有 20 多人，枪十多支。在红军进驻三区的日子里，苏区人民热烈拥护共产党，主动参加暴动，入夜火光熊熊，人来人往，热闹得如同夜市。三更半夜还在高呼"打土豪分田地""打倒国民党贪官污吏"等口号。此时王良、李赐凡部下黄永胜，则在坝头南山下驻扎一个星期，发动群众暴动。

红军为人民，人民爱红军，军民一家亲，处处出现动人景象。苏区人民组织联欢会，答谢红军；争先恐后地报名参加红军，全区选送了林钦才、丘贞祥、丘文祥、林昭鼎、林盛绪、林辉士、林钦文、姚奎仕、赖杞生、林时登、刘矮八等 14 名青年入伍。

三区暴动依期完成，并建立和健全了党政军组织，斗争土豪劣绅 20 多次，处决土豪劣绅 3 名，缴获步枪 20 多支、子弹 400 多发、火粉枪 30 多支、马 1 匹，没收稻谷 200 多石、生猪十多头、棉布 40 多匹、衣服数百件、光洋 4900 多块，所缴获枪支用于武装赤卫队，所没收财物大部分分发给农民度荒。

5 月 27 日，红四军第一纵队派一大队推进大柘，协助开展第四区暴动。平远县委、县革命委员会经与红军政治委员彭祜商量，同意调在红四军中工作的大柘籍人姚若梓任第四区革命委员会主席。至 29 日，四区暴动顺利进行，没收地主豪绅浮财 10 万余元，缴获枪支子弹一批。但是，红四军推进大柘才两天，便接到前委命令，征调北上，致使四区暴动因失去红四军帮助而未能圆满完成。

红四军第一纵队在平远期间，平远党组织进一步发展壮大，全县有 3 个区委、24 个支部、200 多个党员。全县按计划开展农民暴动，计没收稻谷 2000 多石、光洋 20000 多块、马 1 匹，缴获步枪 30 多支、鸟枪 30 多支、子弹 700 多发，各种物资不计其数，大部分光洋和物资都上交给红四军。全县青年踊跃报名参军，全县计有 30 多人参加红军。

其间，毛泽东在寻乌进行调查研究工作，他在《寻乌调查》序言中写道："因为红军部队分在安远、寻乌、平远做发动群众的工作，故有时间给我们开调查会。"毛泽东在寻乌调查过程中，通过对平远籍各阶层人士的广泛接触，了解和掌握了平远大量的革命斗争情况、翔实的县情和农民生产生活实例，其中参加调查会小组的商贾韩祥盛就是平远人。毛泽东在文中涉及平远的人和事有 20 余处，特别是在叙述暴动在莳田之后怎样处理土地问题时说："不论上下档谁分了谁就去收获，广东平远县有行之者。"①

5 月 30 日，红四军筹备粮草，准备北撤。县城东门外清和店为红军耷谷计五六石，边耷边运走。5 月 31 日，红四军第一纵队奉命北移，当日下午到达差干湍溪村，纵队司令部驻文兴小学，6 月 1 日，向武平挺进，回师福建汀州。

红四军第一纵队进驻平远是红四军贯彻古田会议精神进入广

---

① 中共中央文献研究室编：《毛泽东农村调查文集》，人民出版社 1982 年版，第 41—42 页。

东的第一站，扩大了红色区域，实现了打通赣西南苏区与东江苏区联系的战略目标，激发了群众拥护红军，热爱共产党，保卫红色政权，支援红色根据地的热情。毛泽东利用红军分兵游击的机会，完成了《寻乌调查》等著作。此后，平远苏区军民与苏区核心区军民并肩战斗，一起创建中央苏区。

第三节　红军北撤后的艰苦斗争

一、红军北撤后敌疯狂反扑

1930 年 5 月 31 日，红四军撤离平远后，县革命委员会召开干部会议，分析红四军北撤后的形势，研究对策。会议认为，县内的反动势力老奸巨猾，在红军驻县的日子里，为避免与红军打仗，闻风逃窜，深藏山薮，实力未伤。红四军撤离后国民党当局必猖狂反扑。为了保存实力，中共平远县委、县革命委员会决定放弃平远县城，率领县区乡干部、赤卫队撤回丹溪根据地，与敌人展开持久的、艰难困苦的斗争。

（一）八尺事件

5 月 28 日，驻河八区红军全数开往县城，该区革命群众开始遭五社后备队报复。叶子畲李碧豪部、彭公寨赖富邦民团，还有仲石张立朝部、河头张访秋部以及逃往叶子畲的八尺韩逸炉民团都已蠢蠢欲动，企图反扑。

梅县驻防之敌闻红四军离开平远后，即派张英一营（张英原在大信大田之间的阳天嶂当土匪，熟悉寻乌平远山区小道，是寻平赤区的劲敌）协同平远罗骏超进犯大柘。东石坝头区乡赤卫队于河陂水、黄沙塘之间抵抗，阻止其在第二道防线车子岗之外。东石地方反动势力死灰复燃，配合张英、罗骏超。县城仁居原群众基础较薄弱，所有工作均靠红四军在县城短期内发动起来的，斗争不彻底。县委认为，仁居势难坚守，但县城是全县的政治中枢，为争取政治影响，非到最后关头决不能放弃。

为了巩固斗争成果，安定群众情绪，并协助基层加强防范，巩固赤区，县委决定将丹溪区赤卫大队的两个中队调回丹溪，以警戒石正和叶子畬土匪，保卫丹溪苏区。同时决定，县委、县革委领导深入第二、三区，组织赤卫队向大柘推进。当时的口号是：集中一切力量，保卫赤区，向外发展，完成全县暴动，分田分地。

6月3日，李巴林、陈学生等县党政领导分两组出发到第二、三区。李巴林、陈炳南一组到第三区，在区委书记曾庆禄等的配合下，发动了群众，到大柘暴动的赤卫队都已组织起来了。然而，由陈学生、易儒峰所率一组在八尺召开区委扩大会议时，遭到韩逸炉、韩文韶、韩岳生等地方反动武装有预谋的包围袭击。陈学生上台讲话才几分钟，就听到枪声，会场开始骚乱。发现敌情后，陈学生等即组织突围，但因仅有10人，且所带武装甚少，寡不敌众。在突围中，八尺区农会主席肖碧堂，区粮食主任肖梓珊，区农会委员易元发、韩应崇以及寻乌属上磜乡苏维埃主席曾少庭等7人牺牲。敌人对陈学生穷追不放，陈学生负伤后仍坚持突围，到八尺肥田邓木坑时，再次中弹，壮烈牺牲。在此次突围中，区委书记张辅高腿部中弹，不幸被捕。被捕后受尽严刑拷打，但他坚贞不屈，始终没有泄露党的秘密。6月4日，张辅高在八尺被国民党反动派杀害。张辅高牺牲前写下《就义歌》："辅高辞世龄不高，而立年华打土豪。革命事业虽未竟，吾辈努力他年歌。"此次事件共有9人在八尺牺牲，史称"八尺事件"。

当日，河头乡赤卫队在陈维耀等带领下火速向八尺进发，但当他们到达香田坳时得知八尺事件已发生，八尺已陷敌手。因此他们只得返回河头做好保卫家乡的准备。

（二）县城失陷，智撤下坝

6月5日下午，韩逸炉、李碧豪、冯乘六及仁居土豪劣绅的反动武装疯狂进犯县城，守城赤卫队来不及布阵，旋被敌人四面包围。守城赤卫大队按县委"假使县城不守，全体人员向老东门撤离，走差干向吉潭"的密令，掩护县区党政人员向老东门撤离。原来敌人以为赤色人员必然撤向东石，所以将新东门、南门、西门、北门堵住，唯老东门向差干一路未被堵死。守城部队在陈兴良、何洪指挥下，占据牛臂山，掩护撤退。待县区党政人员撤离后，敌人才会合到老东门，与守牛臂山的赤卫大队激战一小时。战斗中，城防部队队长何洪被敌击中要害，当场牺牲。林庆洪、林昭瑞、林钦海、曾盈喜、曾庆清、林锦荣、张亚城和陈福峰等人亦牺牲。激战到下午4时30分，天空乌云密布，雷声大作，大雨如注，相距咫尺不见人，赤卫大队由林汉偶、严冬屏率领即收队向下坝撤退。至此，县城复入敌手。县革命委员会财政科科长林敬庭因搬运库款未能撤离，被敌捕去杀害，款项全部被敌掠去。

县委书记李巴林及东石区委于6日早上接到县城失陷的紧急情报，接着又有交通陆续来报：河八区乡赤卫队已难以坚持，准备转移丹溪；敌张英一营已进抵大柘（驻丰光两口塘），罗骏超在大柘星夜召集土豪劣绅商议组织武装进犯东石；畲脑已被土劣吴应文把守。据此情况，东石区委作出撤退部署：（1）迅速通知各乡村赤卫队及有关人员做好暂时埋伏准备，如愿随区委撤退转移丹溪打游击者，则安排；（2）由区赤卫大队大队长曾达光、区妇女会主任陈亚惠、石北乡农会主席林宝华留守灵水，保卫苏区，并侦缉情报与县委联络；（3）三区、四区区乡干部和赤卫队迅速撤离。

当日8时，张英、罗骏超部已到坝头，形势危急。县委书记李巴林、县赤卫队大队长陈炳南统率三区和四区区乡干部及其赤卫队向泗水下坝撤退。到达泗水牛屎坳边境时，远望大神坝街口、桥头以及沿山脚一带均有敌人把守，询问左右人家，得知是逃亡广东的寻乌澄江谢家猷部。在后无退路的情况下，决定由李巴林、陈炳南率县赤卫队10人为先锋，向敌人冲锋，拿下了敌班哨，曾庆禄等率后续队伍迅速冲来，夺取了大神坝街，但敌人仍据守圩后山岗。根据情况赤卫队不能久留，便作撤离，且战且走，敌复追击。将到达下柱村时，李巴林等分析认为，下柱村村长地险，村中反动势力强大，不宜前往，便率赤卫队走小道。衔尾追击的敌人见赤卫队登山，便欲包围山头，赤卫队迅速翻越山头走出坑口，但担负殿后的坝头乡赤卫队被敌抓去3人（后被杀害）。这时，已是下午 3 时，大家又饥又累，为避免与敌人再战，决定以迷敌之计，摆脱敌人。赤卫队派人将随身携带的鞋笠等往蕉岭大道丢弃，全体人员就近躲藏在 3 个荒山中的茅草棚内。一会儿敌人追来了，往蕉岭大道追了几公里后不见赤卫队踪影，便以为赤卫队已藏入深山，往林中搜索，开枪扫射，不见动静，便收兵回去了。

入夜，全体人员离开茅草棚，沿山坑直出坑口，但见一条大河横在前面，便知到了普滩河，个个喜出望外，因为逆河而上到达下坝可望与仁居撤出的队伍汇合。于是大家精神抖擞，连夜绕过普滩圩至老虎踞。天已大亮，战士们个个疲劳至极，便买米做饭，稍事休息后继续前进。赶到下坝已是 9 时多，果然县城撤出人员仍在那里，胜利会合，大家互相拥抱，热泪盈眶，共同高呼："共产党万岁！"

（三）县委转移丹溪木畲头

这时，在下坝尚有红军一个大队驻守，且是曾到东石开展工作的这个大队。他们已定明早北开，因此，李巴林即到红军大队部，与大队政治委员李赐凡接洽，请求经济、弹枪援助，并提出平远全体人员能否跟随红军北上，但被红军总部劝阻留下。根据红军总部精神，李巴林与李赐凡商定：（1）平远人员由下坝向武平边境经坪畲入项山转吉潭，回防丹溪。向导由红军负责，由下坝农会于明早 4 时到大队部带人。（2）红军比平远人员迟 2 小时撤离下坝（一向西一向北），护送平远人员转移。（3）红军将在下坝缴获的枪支子弹（二三十支枪）全数交给平远。

6月8日，平远县委率仁居、东石两路撤出人员200多人（枪支180多支）由红四军派人当向导向武平边境开拔。9日抵项山，得项山乡苏维埃群众的热情款待，下午3时抵吉潭。

10日，县委书记李巴林带东石区委书记曾庆禄专程到寻乌县城参观县苏维埃的各项建设，参观了区乡苏维埃、红色医院、造弹厂等，并从寻乌县委处借得了经费。

12日，县委率全体人员离开吉潭，经寻乌县城、南桥、留车、雁洋、大田、岑峰，于16日到达丹溪。先行到达丹溪的第二区（河八区）人员姚月盛、陈家义、林亚良、黄祥杰、沈绍兴等和县赤卫队总参谋易儒峰均到丹溪边境迎接。平远县党政军的县、区乡干部终于汇合在丹溪，有320多人，枪支270多支，择定丹溪木畲头为平远县委会驻地，从此开始了更艰难的革命斗争历程。

二、苏区人民的浴血战斗

红四军撤离平远后，中共平远县党政军组织被迫转移丹溪，苏区人民经受了国民党反动派的血腥镇压。

国民党反动派返回县城后，下令涂刷红军标语，追回契约，宣布所分土地无效，并首先在仁居、邹坊、黄畲大肆捕杀赤卫队队员和农运干部。5月28日，驻河八区红军全数开往县城，该区革命群众开始遭五社后备队报复。寻乌属满坑苏维埃负责人凌虾蟆、凌世标从平城返乡途经筀竹乡时遭五社后备队捕杀。飞龙农会主席赖文汉、仁居工会主席黎光、县革委会干部王云彬、赤卫队队员丘林古、通讯员黄月标、仁居农会主席陈添福和为红四军送信的冯信德等十多位同志惨遭杀害。一些农运干部、赤卫队员被捕入狱，有的被迫离乡背井。

八尺事件发生后，第二区笼罩在白色恐怖之中，反动势力如沉渣泛起，猖狂反扑。八尺地反韩逸炉、韩世鳌、韩岳生、韩文韶等利用五社后备队等反动武装，进行反攻倒算，搜捕共产党员和区乡赤色人员。樟田村赤卫队队员沈祥云（共产党员）、沈万郎，四维乡赤卫队队员韩芳定、韩石民，河八区赤卫队队员、南塘村农会主席张昌伦等先后被捕，有的被残酷杀害。

河头的太阳村虽遭敌人三番两次的洗劫，但赤卫队队员面对严酷的斗争形势仍坚强不屈，坚决抗击来犯之敌。为了尽可能保护家乡人民的利益，在陈维耀等领导下，主动撤出太阳村，在敌人进犯的必经之地——与良畲交界的山头上布阵。他们虽然力量薄弱，但采取虚张声势的战术，把一部分赤卫队队员分布在附近的几个山头，以比较集中的兵力堵住隘口。当敌人的前锋进入隘口时，即开枪射击。霎时，枪声、喊杀声、冲锋号声齐鸣，附近山头群众协同助威。敌人被弄得晕头转向，狼狈而逃。几天后，仲石自卫队与河头乡自卫队联合"进剿"太阳村，八尺有韩逸炉等地方武装夹迫，罗骏超还在大柘驻守。在强敌压境之下，守在香田坳的河八区赤卫队便经儒地撤向丹溪，太阳村的赤卫队队员也只得撤向丹溪，太阳村一带人民不幸落入敌人的血腥统治之下。

敌张英、罗骏超卷土重来后，在东石封屋烧屋，捉人杀人，无恶不作。6月6日，第三区区乡赤卫队撤离东石，但冷水坑、白岭、龙岗、麻塘、黄行、坳上等各乡村赤卫队仍坚守村庄，准备迎击敌人。下午，由吴振轩组织地方反动武装80多人首先向石北苏区进犯，留守石北的赤卫队在曾达光的指挥下，当机立断，择地布阵，英勇迎敌。敌人尚未站稳脚跟即被赤卫队迎头痛击，乱了阵脚，纷纷逃窜。但不久后，罗骏超组织吴振轩、吴承树、吴柳堂、吴应文等地反武装配合县警，对石北先后进行3次报复性的疯狂"围剿"。石北赤卫队和群众誓死抵抗，但石北已处于敌人的包围之中，前有吴承树、林□□、林双燊等地方反动武装，后有吴应文纠集的反动武装由畲脑下来，石北赤卫队寡不敌众，战斗失利，被迫退守灵水坑尾南皇里。在这3次"围剿"中，赤卫队队员林乙贤三、林春坡、林贵开3人被捕，后被杀害。石北苏区遭到空前浩劫，计被杀害25人，被捕12人，被烧毁房屋600多间，被抢走耕牛64头、生猪122头、鸡鸭无数，被勒索光洋13400块，连床板桌凳、犁耙辘轴、风车砻碓、被盖衫裤都被抢走，见人即抓。未被捉者无家可归，被敌洗劫后饿死、病死58人。

黄行赤卫队以二三十支火粉枪和十多支土炮，轮番散伏在田间禾苗中，等待敌人进村。地方反动势力林仰青、林宏训、林伟士、林占先等联合"围剿"黄行，但他们向闻黄行人素有武功，而罗骏超部又未能前来，因此踌躇不前，相持四五天。待黄行赤区群众松懈下来后，罗骏超便率队前来进犯，捉人封屋，洗劫一番。计被封房屋 20 多间，被捕群众 80 多人。后罗骏超得钱即放人，交钱即开门。坝头等地均亦如此封屋捉人，笼罩在白色恐怖之中。

红四军撤离平远后，地主豪绅乘机反扑，梅蕉平三县反动当局联合组织武装对礤尾、完里实施疯狂"围剿"，但礤尾、完里苏区人民在党的领导下与敌人展开了英勇、艰苦的反"围剿"斗争。

6 月 13 日晚，驻长田的马毅一营协同长田乡乡长黄双桂、热水乡乡长刘威五警卫队，偷偷地进入店前岗、院境、完里一带，受到邓崇卯率领的热水乡赤卫队顽强阻击。战斗相持到 14 日下午，在敌众我寡的形势下，为了保存革命力量，赤卫队撤退至礤尾村。6 月 18 日、24 日，敌人两次向礤尾村苏区围攻，但均遭到赤卫队英勇反击。

6 月 29 日，敌人第三次围攻礤尾村。恼羞成怒的敌人威逼院境村群众千余人作掩护，从四面越山向礤尾村围攻，邓崇卯和曹进洪一面马上率领赤卫队登上寨顶岃与敌人展开顽强的阻击战，一面派出刘丙妹到鸭薮里与红军联系。刘丙妹在途中不幸被三坑民团抓去。由于鸭薮里地势险要，山高林密，三坑民团不敢贸然行动，企图利用刘丙妹带路，并作人质。敌人软硬兼施，严刑拷打，刘丙妹始终坚贞不屈，敌人无可奈何只得将她押解到蕉岭县城关押，随后杀害。临刑时她放声高唱：

穷人革命志坚强，不怕杀头心向党。
催今死去么要紧，留得姓名也清香！

刘丙妹为革命宁死不屈，英雄之歌千秋回荡。

礤尾村的战斗异常激烈，由于弹药供应不足，邓崇卯和曹进洪决定由赤卫队掩护群众撤退到村背的深山里去。敌人入村后在礤尾、完里焚烧民房、洗劫财物，践踏了4天，到处浓烟蔽日，一片焦土。赤卫队队员被俘7人、被杀2人，群众被杀害14人，房屋243间全部被焚，猪牛鸡鸭抢劫一空，水田中成熟的禾苗亦被糟蹋。苏区人民目睹如此惨境，更加激起对敌人的愤恨，擦干眼泪，拿起武器，继续战斗，将全村老幼从深山里转移到蕉岭县的上畲村、下畲村一带亲朋家中安置，青壮群众和赤卫队深藏山林搭茅寮居住，利用夜间进村收割早稻，坚持游击和生产两不误。全村400多担谷田被敌人践踏后，仅收80多担谷。同时，与邻村革命群众联系，探听消息，补充供给，袭击敌人小股后备队，在敌占区散发传单、张贴标语，神出鬼没地打击敌人。夏种刚开始，敌人又一次汇合梅蕉两县反动武装围攻礤尾赤卫队，手段更为毒辣，放火烧山，迫使群众砍尽山林，进山一连搜查了7天，但赤卫队早已安全转移别处，敌人除烧了几间茅寮屋外，一无所获。

革命火种是扑不灭的，因为苦难深重的群众始终心向着共产党。千千万万的分布在广阔农村的人民群众，是动摇国民党反动统治的最伟大的力量；同时，中共平远县委、县革命委员会虽然转移丹溪，但仍然领导着平远人民的革命斗争。因此，国民党的反动统治愈残酷，对人民压迫愈残忍，人民的反抗就愈强烈，离反动派灭亡的日子就愈近。

三、县委在丹溪的艰苦岁月

（一）召开县委扩大会议

6月16日，中共平远县委、县革命委员会及其领导下的区乡革命干部、赤卫队员胜利汇集丹溪赤区，以丹溪木畲头为驻地，并召开了县委扩大会议（全体人员参加），石正乌石、安仁支部参加了会议。会议总结了在红四军帮助下开展武装暴动的成绩，把安定全体同志的思想情绪作为首项任务。同时会议重新调整了县委、县革命委员会和县模范赤卫队的领导成员及决定了其他事项：（1）县委由林汉偁、李巴林、曾庆禄、黄荣章、易儒峰五人组成，林汉偁为县委书记，易儒峰为组织委员，曾庆禄为宣传委员，黄荣章为秘书。（2）县革命委员会以李巴林为主席，严东屏为秘书，黄志贤为财政委员。（3）县赤卫大队总指挥部以李巴林为总指挥，黄荣章为政治委员，易儒峰为参谋。（4）县模范赤卫大队抽调20人枪到东江新成立的第五军区，剩下250多人编为平远县模范赤卫大队第一、第二两个大队。第一大队大队长陈炳南，政治委员曾庆禄，事务员刘仁清；第二大队大队长赖兴邦，政治委员李万炎，事务员林柏松。县区干部均分配到各大队，每队有130多人枪。（5）派余宝贤、张昌朋带队到东江第五军区（东江游击队）工作。

（二）消灭顽匪李碧豪部

平远县国民党当局知道中共平远县区乡全部人马转移丹溪后，

便加强对丹溪的防御，石正、仲石、中行均有敌警驻守，警戒通往丹溪大道小道，盘查来往行人。而丹溪赤区心腹之患的敌人则是叶子畲土匪李碧豪部三四百人。叶子畲地近丹溪，居高临下，在芳田、佑头、大塘山赤化后，李碧豪部便以丹溪的彭公寨为其出入门户，彭公寨地反赖富邦也与其沆瀣一气。

平远县委为安定和巩固丹溪赤区，对叶子畲土匪采取长期围困的战略，而要实施这一战略，则必须先解决彭公寨赖富邦部。因此，赤卫队总指挥部组织县赤卫大队及丹溪群众向彭公寨进攻。彭公寨是四面高山环抱的小村庄，村间横着一条小河，仅有一座木桥通行，桥前面就是赖富邦的住屋，桥头筑有碉堡，赖富邦凭河据守。赤卫队首次组织进攻，因敌人防守严密未果。次日，再次组织进攻，兵分三路，声东击西，以观其阵，结果敌人被迫分散兵力，正面守军力量削弱，于是赤卫队发起冲锋，冲过木桥，夺取了碉堡，迫使赖富邦部向叶子畲逃窜。赤卫队夺取彭公寨后，把李碧豪部存放在彭公寨的粮食油盐掏空，计稻谷百余石，盐糖油豆一批。此后，叶子畲匪部因粮盐供应断绝，便烧了巢穴，解散了队伍。残害兴平寻龙边区人民达10年之久的叶子畲匪部势力终于消散。这是平远赤卫队取得的伟大胜利，也是边县人民革命斗争的伟大胜利。

与此同时，中共平远县委及时做好建立各地交通站的工作，与县内取得联络，以恢复全县党群组织。建立的交通线路有儒地—良畲—河头、儒地—八尺—仁居、乌石—石正—大柘，计划建立通热柘、鸭薮里交通线。县委任命姚月盛为县交通总站长，林亚苟为良畲交通站长。接连的战斗，弹药消耗极大，补给成了迫切的问题，因此，县革命委员会决定成立供应科，任命姚三和为供应科科长，带领三四个科员专事采购弹药。

平远赤卫大队与兄弟县赤色武装密切联系，共同战斗，曾转战于石正、超竹。

（三）千余敌军进犯县委驻地丹溪

9—10月，罗骏超以县警为基本队伍，纠合张英营及河八、石正等民团千余人，由石正、中行、仲石三路进犯丹溪。平远县赤卫队分三路抵抗，以小部兵力牵制仲石、中行两路，集中力量歼灭石正来犯之敌。但因可周旋的地域太小，能借以拖延的时间有限，正集中力量与石正来敌激战时，中路仲石被敌突破，进而被敌攻占了茅坪。次日便失去了整个丹溪，赤卫队退守岑峰。

第三日，获悉敌人一部调离丹溪的情报，县赤卫队总指挥部决定以突袭方式夺回丹溪。赤卫队迅速占据了茅坪圩四面高岗，形成对敌包围之势。战斗打响时，敌人正在吃晚饭，手忙脚乱间仓促应战。正当包围圈逐渐缩小，战斗有望取胜时，敌援兵从仲石赶到，里应外合，致使赤卫队未能得手，复退岑峰。

10天后，县赤卫队总指挥部再次组织夜袭丹溪。赤卫队分三路在朦胧月色中摸索前进，前锋将至茅坪，被敌发觉，开枪拦击，旋被敌人的强大火力压住。其他两路沿山脚向茅坪包抄过来，但夜战不能发挥包围作用，相持2小时，只见空中红弹飞来飞去，终不能得手，县赤卫队只得收兵回岑峰。此役毙敌1人，赤卫队队员卓奕祥负伤，抬回岑峰，送黄沙军医院，不治牺牲。

罗骏超、张英等在丹溪纵容匪部大肆抢掠，挨家挨户搜查。

面对新的斗争形势，平远县委、县革命委员会在岑峰召开重要会议，重新调整了党政领导，县委书记改由李巴林担任，林汉倜改任县委宣传委员。适有余宝贤（余天声）从东江第五军区调回平远，任共青团平远县委书记。会议认真分析评估了形势：群敌压境，给养十分困难，每人每天菜金不足三分钱；冬寒在即，队员们仅有穿在身上的单衣；枪所剩不多，每支枪不足10发子弹。因此决定分散活动，同敌人开展持久的斗争，以打破敌人的封锁，解决部队给养。

会后，由县委宣传委员林汉倜带领县委及工作队人员移驻八尺、中行交界的大塘山；由县赤卫大队总指挥部政治委员黄荣章率县赤卫第二大队及丹溪区赤卫队进驻丹溪柑子坪，相机夺回丹溪；李巴林、曾庆禄、陈炳南等以及县革命委员会、县赤卫队总指挥部仍驻在岑峰。

11月，平远县委派余宝贤（余天声）、朱福光到留车参加赣南特委、安远行委召开的各县党员代表会议。会议指出，由于给养困难，从东江的兴宁、平远、龙川及梅西撤至寻南游击的600多人要转移，凡没暴露身份的同志回乡生产，身份已暴露的同志可外出谋生。

12月，驻丹溪柑子坪的县赤卫第二大队和驻岑峰的县革委、县赤卫队总指挥部均转移到大塘山。全体同志同甘共苦，上下一心，致力打开局面。工作方针是采取递进式方法，以大塘山为中心，向丹溪、儒地和中行的快湖、香田坳、八尺游击，既扩大政治影响，又有利于解决给养。先后恢复和重新建立了儒地支部，书记易儒坤；八尺区委，书记韩垂腾，委员易敬宏、姚明，妇委刘永心，区委会设龟石下。发展了一批党员，先期组建了九乡赤卫队（11月16日曾到香田坳打土豪，获布11匹、成衣20多件、银元340多元）。县革命委员会于12月下旬给每位同志添置了2套单衣，以此度过了隆冬腊月。

第四节 蕉平寻苏区的形成和发展

蕉平寻县委是在特定的历史条件下，根据闽粤赣苏区特委西北分委的指示，合并蕉（岭）平（远）寻（乌）三县党组织而成立的。1931 年 1 月蕉平寻县委成立后，领导蕉平寻人民开展土地革命、武装斗争、经济文化和组织等各项建设，实现了边县的武装割据，历时将近一年之久，使之成为粤东北苏区的主要组成部分。蕉平寻苏区人民的革命斗争，客观上为扼守中央苏区南大门，粉碎敌人对中央苏区的第二、三次"围剿"起到了积极的作用。

一、蕉平寻苏区的建立

（一）闽粤赣特委成立与蕉平寻三县合并

1930 年 9 月，中国共产党六届三中全会的召开，基本结束了李立三"左"倾冒险主义错误，加强了对苏区工作的领导。10 月，中共中央初步将全国主要农村根据地划分为 6 大块苏区，即：（1）中央区（湘鄂赣及赣西南）；（2）湘西、鄂西；（3）鄂东北；

（4）赣东北；（5）闽粤赣；（6）广西。其中，粤东北的五华、兴宁、龙川、蕉岭、平远、梅县、大埔、丰顺、饶平等县，赣东南的寻乌、安远、会昌、瑞金、石城等县均属于闽粤赣苏区范围。11月1日，广东代表邓发、李富春等在大南山主持召开了闽粤赣苏区第一次党代表大会，联系东江实际，决定取消闽西、东江特委，成立闽粤赣苏区特委，选举邓发为特委书记。在东江地区设立西南分委（辖潮阳、普宁、惠来、揭阳、海丰、陆丰、紫金等县）和西北分委（辖龙川、五华、兴宁、梅县、大埔、丰顺、蕉岭、平远、寻乌等县）。

广东的蕉岭、平远与江西的寻乌三县山水相连，均于1928年先后建立县委，开展了轰轰烈烈的土地革命斗争，开辟了大片赤色区域并先后成立了各自的县革命委员会和武装组织。1930年11月，根据蕉平寻三县革命斗争的客观实际和形势发展的需要，中共闽粤赣苏区特委决定寻乌、蕉岭、平远三县合并建立蕉平寻县委，隶属西北分委领导，制定了闽粤赣苏区连成一片的战略目标。

（二）蕉平寻县委、县苏维埃政府成立

1930年12月11日，西北分委给龙川、兴宁、寻乌、平远、蕉岭县委发出指示信，要求西北各县应加紧由秋收斗争转入年关斗争，以年关斗争为中心，运用游击战争方式消灭敌人，发展壮大革命力量，恢复和巩固原有赤色区域并向外发展，使之联系起来，共同行动。指示"由寻乌县委即召集蕉平两县筹备蕉平寻三县合并党代表会"，并派刘琴西、李巴林到留车具体指导大会的筹

备工作。

1931 年 1 月 10 日，以寻乌县行动委员会名义就关于选派代表出席蕉平寻党团代表大会问题发出第七号通告。该通告提出：要在闽粤赣苏区党西北分委指导下，合并蕉平寻三县，成立一新县委，指挥三县工作。15 日，蕉平寻三县党团代表大会与工农兵第一次代表大会在寻乌黄田同时交错召开。党团代表大会主席团由赵冠鹏、赵尚杰、赖兴邦（平远）、李大南、廖裕德、林汉偶（平远）、陈传标（平远）、曾加棉（平远）、罗月福 9 位同志组成，会期 6 天，于 1 月 21 日闭幕。大会选举产生了以赵冠鹏、曾加棉、林汉偶、易敬永（平远）、李大南、赖兴邦、邝三妹为委员，廖裕德、刘葵五、温焕清为候补委员，赵冠鹏为书记，刘兰芬为秘书长的中共蕉平寻县委员会。代表大会讨论通过了关于党的建设、苏维埃政权建设、工会、青年和贫农团等工作，以及经济政策、土地分配、扩大和加强红军队伍等决议案。

蕉平寻县工农兵第一次代表大会选举李大南为苏维埃政府主席（后为赵寿华）。大会作出了政治、经济、政权、武装等方面的重要决议。

县委和县苏维埃政府机关设在寻乌黄田。全县设三蕉铺区、新平尺区、石坝东长区、光留篁区、吉澄寻区 5 个区。苏区范围包括寻乌全境，平远仁居、八尺、河头、石正、坝头、东石、长田，蕉岭的三圳、蕉城、新铺，地域 3370 平方千米，人口 20 余万。至此，蕉平寻苏区正式建立。

蕉平寻苏区的建立使赣东南、闽西南和粤东北苏区连成一片，为闽粤赣苏区的巩固发展发挥了重要作用。

二、蕉平寻苏区的各项建设

蕉平寻县委、县苏维埃政府成立后，认真贯彻执行党团代表大会和工农兵代表大会作出的各项重要决议，采取有力措施，积极加强了全县党的建设、苏维埃政权建设和革命武装建设，领导苏区农民深入开展土地革命和武装斗争，苏区日趋巩固，成为闽粤赣苏区的西南重要屏障以及闽粤赣苏区与中央苏区腹地相互联系的重要枢纽。

（一）党的组织建设

蕉平寻县两个代表大会后，县委、县苏维埃政府旋即分派同志奔赴各地贯彻"两个大会"精神。派往蕉岭的有丘绍发、谢盛传等。此外，因故未参加蕉平寻党团代表大会的原蕉岭县委委员邓崇卯也去寻乌，接受任务后即回蕉岭，传达贯彻"两个大会"精神。1931年2月21日，在三坑召开党员代表大会，参加会议的有来自蕉岭、平远和梅县白渡、松源的共产党员四五十人，会议由陈侃、邓崇卯主持，传达"两个大会"精神，总结经验教训，批判"立三路线"，号召全体党员深入发动群众，继续坚持斗争。蕉平寻县委、县苏维埃政府还委派谢天白、黄兰四等赴平远开展工作，在平城建立了党的特别支部。

蕉平寻县委成立后，对内称县委，对外则称"印刷部"。县委内设组织、宣传两个部。分别由廖醒中、罗月福、林汉偶等负责。县以下设区、乡两级党的组织，区设中共区委，乡设中共支部。稍后又增设了平城特支、寻城特支、石排特支、县苏党团特支、丹溪特支，另设有工、医特支。各特支与区委并列，直属于县委领导。

县委于1931年1月下旬至2月中旬先后召开3次组织工作会议，决定党要彻底清洗富农、流氓、动摇分子，纯洁组织，健全支部生活，发行党刊，举办党员干部训练班，提高党员的政治文化水平，开展城市工作和建立巡视员制度，吸收在斗争中积极勇敢坚定的贫雇农入党。

第一次组织工作会议，首要任务是整理全县党的组织，对党员进行重新登记；对党组织发展问题作出部署，确定三蕉铺区以蕉岭为中心向梅县推进，石坝东长区以坝头为中心向梅西推进，新平尺区以平城为中心向武平推进，光留篁区以留车为中心向兴宁、龙川推进，吉澄寻区以寻城为中心向会昌、武平、安远推进。

第二次组织工作会议，明确了各区发展党组织的目标任务。要求三蕉铺区发展10个支部、80名党员，石坝东长区发展5个支部、30名党员，新平尺区发展5个支部、30名党员，光留篁区发展12个支部、80名党员，吉澄寻区发展18个支部、120名党员。为便于领导和开展活动，调整合并了一部分党支部，并确定将留车、六司香2个党支部建设成为模范支部。

第三次组织工作会议，对健全支部工作、建立模范支部以及建立城市工作等问题，进行了深入研究，决定派出人员分头到寻乌、平远、蕉岭三县县城建立发展党的组织。

三次组织工作会议后，全县党组织得到迅速发展壮大，短期内共发展新党员 320 名，使全县党员人数发展到 600 多人。全县共产党员在各自的战斗岗位上，带领广大群众冲锋陷阵，在苏区的斗争和各项建设中真正起到了核心模范作用。

（二）苏维埃政权建设

1931 年 4 月下旬根据形势发展需要，县苏维埃政府对全县行政区划进行了调整，在寻乌县境内设立寻城、吉潭、篁乡、留车 4 个区，在平远县境内设立平城、大柘、八尺、坝头 4 个区，在蕉岭县境内设立蕉城、新铺 2 个区。区以下设若干个乡。县苏维埃最高权力机关为常务委员会，常务委员会下设调查委员会、经济委员会、裁判委员会、文化委员会、土地委员会、军事委员会、粮食委员会、建设委员会、劳动委员会、交通委员会、秘书处。各种委员会的职能是：（1）调查委员会——调查土地、人口，掌握敌我双方武装力量和群众斗争情绪等情况。（2）经济委员会——了解群众负债情况，计划发展农村经济，建立和管理生产合作社与消费合作社。（3）裁判委员会——处理一切犯人事宜。（4）文化委员会——建立和管理学校，出版报纸。（5）土地委员会——调查土地、统计土地、分配土地、改造土地。（6）军事委员会——部署战事、捕捉侦探、扩大红军。（7）粮食委员会——管理粮食生产、储运事宜。

（8）建设委员会——筹划文化教育事业的建设和修筑桥梁、道路、茶亭等公益事业。（9）劳动委员会——调查劳动群众的切身利益情况，合理规定工作时间。（10）交通委员会——管理秘密交通事宜，建立交通站、交通网。县设交通总局，配主任1人，交通员6人；区设交通局，配主任1人，交通员4人。（11）秘书处——处理政府本身一切技术上的事宜。区苏维埃设相应上列各科，乡苏维埃设上列各股，均可聘一秘书。

（三）政治宣传和思想建设

县委从培养造就干部入手，加强政治、思想教育，提高党政军队伍的政治素质和指挥能力。先后在芳田、留车、黄砂等地开办支书训练班一期，苏维埃干部训练班三期，军事干训班一期。训练班每期7天左右，训练科目有：支部须知、小组教材、训练大纲、革命名词解释、入党须知等。县委、县苏维埃领导李大南、林汉俶、廖裕德、曾不凡、李必富、李柏等参加授课。参加训练班人员由各区委、特支选送，每期各地选送2—5名不等。学员自带被盖等日常用品、学习用具，共计培训各类干部上百名。

同时，县委还千方百计占领宣传阵地，普及马列主义，创办了《赤报》（三日刊）、《支部生活》（旬刊）、《红旗》（月刊）。《赤报》由县委委员林汉俶任编辑，《支部生活》由曾不凡任编辑部主任，平远籍人士严东屏、刘仁清、曾庆清、曹汝峰、易儒峰等为主要投稿员。各区还办有区级报。每逢革命纪念日及十月革命纪念日等，县委均发布文告开展宣传活动，称五月份为"红五月"，定为"宣传运动月"。1931年3月25日是寻乌农民举行武装暴动的三周年纪念日,各地普遍举行了纪念活动,尤其是篁乡、岑峰、公平、留车、河角等集镇,召开庆祝大会、演讲、演出白话剧,会后举行示威游行,群众手执彩旗,肩扛梭镖、土铳、步枪,甚为壮观。

(四)土地分配工作

县委、县苏维埃政府领导全县人民以彻底分配土地为中心,掀起大生产运动。土地是农民赖以生存的主要生产资料。1930年底以前,蕉、平、寻三县所辖苏区都进行过土地分配,其中平远县1930年5月在红四军第一纵队帮助下就进行了打土豪、分田地的斗争,全县有6万多农民分得了田地,分田办法还得到了毛泽东的肯定。毛泽东的《寻乌调查》中以1万余文字专门记载、分析了寻乌苏区土地分配工作开展情况及其遇到的问题和施行的政策措施。但各地在分配土地中不同程度地存在错误做法,在一定程度上挫伤了群众的生产积极性。

蕉平寻县委成立后,非常关心农民的温饱问题,接连发布文告,进行土地分配工作,总结以前分配土地的经验,对彻底分配土地问题作出详细规定:水田,以乡为单位遵循"抽多补少、抽肥补瘦"的原则,按人口平均分配;茶山、竹山、木梓山亦按人口平分;分田多者少分山,分山多者少分田,旱地亦同;工人、雇农亦与农民一样分配土地。用材林、薪炭林则未曾分配,可自由砍伐。

（五）苏区经济建设

蕉平寻苏区由于土地分配及时合理，又注重了兴修水利，组织变工组和变工队进行生产互助，大大地调动了农民的生产积极性，促进了农业生产的发展，使农业生产获得了历史上从未有过的好收成。

工业生产方面，寻乌地区有裁缝、造纸、打铁、木匠、雨伞等私营手工作坊；蕉平地区还有石灰、煤炭等小型矿场，均为私营。苏维埃政府积极扶持其发展。另外，苏区政府还开办了生产合作社和消费合作社，经营工商业，对发展生产、疏通渠道、调剂余缺、控制物价起到了很好的作用。县委、县苏维埃政府还发动群众熬制硝盐，加工药材，还开办了兵工厂，进行翻造子弹和修理枪械。商业贸易方面，寻乌地区的大米、茶叶、土纸、木材、香菇、茶油等大宗输出物资，以前是通过水陆两路，经寻乌县吉潭、牛斗光、留车、岑峰、芳塘肚、菖蒲等地，向广东的梅县、惠州等地输出，换取布匹、百货、食盐等商品。蕉平寻苏区斗争时期，因敌人实行经济封锁，运输中断。苏区人民便以边境贸易、中转经销来对付敌人的经济封锁。寻乌地区的进出物资均由蕉平、兴龙地区的个体商贩，通过山路中转、晚上偷运、乔装过境等办法，把土特产品运出去换回日常用品以满足人民生活的需要。

生产的发展带来市场繁荣，谷物肉食丰足，稻谷8个毫子1担，猪肉2个毫子1斤，粗布80个铜钱1尺。蕉平寻苏区时期人民过上了自给自足的温饱日子。

（六）群众团体建设

县委在加强党组织建设的同时，大力发展各种革命的群众组织，发挥群团组织在生产和革命斗争中的作用。

1. 工会组织建设

蕉平寻第一次工农兵代表大会作出了关于劳工问题的决议，之后，便成立了县总工会，下设店员、理发、小商品、泥木、缝衣、五金等分会，蕉平地区还有篷船、煤炭分会。1931 年 2 月 7日，召开了全县工人代表大会，出席代表 103 人。大会讨论了土地、军事、政权、债务、城市政策、劳动、工人文化教育等问题，还通过了《优待红军条例》和慰问工人、农民的决议。大会选举产生了县总工会委员会，钟步仁、曾灼如为总工会领导人。此外，还建立了县、区、乡三级雇农工会和乡贫农团的组织。各级工会的成立，使分散的小手工业者都组织起来，在发展苏区经济、扩大红军、支援红军等方面，起到了很大的作用。平远境内主要派人到八尺区及八尺、大柘间的运挑工人、坝头的蓬船工人、石正的炭业工人中开展工作和建立组织。

2. 共青团、少先队组织建设与青年工作

蕉平寻县第一次党团代表大会后，共青团蕉平寻县委正式成立，书记曾不凡（后为罗华明），刘泮林任团县委巡视员兼儿童团书记，当时，党、团员履行同等义务。此后，团的工作有了发展，成立了团区委和乡支部（有 3 个团员以上者则成立支部，全区有 3 个团支部以上者则成立团区委）。各级团的组织健全以后，团的

力量迅速壮大，1931年4月，团县委给各地分配了发展团员的任务，其中：留车区100名，篁乡区100名，寻城区30名，吉潭区5名，八尺区30名，坝头区30名，大柘区20名，蕉城区15名，新铺区10名，合计342名。

团县委还刊印《团的生活》《蕉平寻青年》等宣传刊物资料，干事会、小组会每星期组织一次。团员按期缴纳团费，缴费标准按各人自愿。各级共青团组织，积极发动广大青少年参加演出队、标语队，深入村庄、屋场进行宣传，还印刷标语、传单打入白区散发张贴，激发群众的革命自觉性，打击敌人的嚣张气焰。在扩红运动中团组织积极发动青年热烈响应党中央关于扩大百万铁的红军的号召，光1931年4月就动员了75名青年应征当红军。团的组织在对敌斗争、宣传政策、动员参军、兴办夜校、生产建设等方面，都起到了先锋模范作用。

共青团组织负责领导少年儿童工作。县、区、乡三级均建立了少先队组织。县设总队部，总队长谢应章；区设大队部，乡设小队。苏区内的少年儿童，都编入少先队、儿童团组织。1931年"五一"这天，举行了全县少先队、儿童团大检阅，大振少先队、儿童团组织声威。少先队员和儿童团团员积极勇敢地担负起站岗放哨、侦探送信、宣传鼓动、慰劳红军等任务。

3. 妇女会

县、区、乡设立劳动妇女委员会，各妇女会由各级代表大会选举产生。县妇女会负责人古佛秀、黎东玉、古婉玉。全县成立了9个区妇女会，各级妇女会下面设执委、常委。县妇女会常委会下面设组织科、宣传科、秘书处，秘书处下设收发科、调查科、会计科。各级妇女会积极发挥作用，发动广大妇女战时参加洗衣队、暴动队、运输队、慰劳队、救护队等组织，平时开展做军鞋、优待红军家属、代耕等活动。还组织青年妇女上学，进识字班。在扩红运动中，妇女也起到了积极带头作用，在9月参军的120余人中就有12名女同志，呈现出"妻送郎，郎送妻，夫妻双双当红军"的动人场面。

（七）文化教育事业蓬勃发展

随着生产发展、生活改善，文化教育事业也得到蓬勃的发展。各乡均建立了列宁小学，教材由县统一编印，适龄儿童免费上学读书。为了培养师资，县苏维埃政府还在留车的罗塘村开办了一所列宁师范学校。学生经40天培训结业后大部分回原地当教员，个别根据需要调往他处任教。教师跟苏维埃政府干部一样，没有工资，只管吃饭。各级党团负责同志还经常到学校召开教师会议，讨论贯彻党的教育方针，检查学校工作。各村还建立平民夜校和妇女识字班，利用教唱革命歌谣等形式进行识字教学。

文艺宣传也搞得很活跃，县、区、乡三级都成立了宣传队，乡村还建有剧团、俱乐部、娱乐社等。这些文艺组织经常开展活动，形式活泼多样，有演讲、山歌对唱，演出歌舞、话剧、活报剧等。节目都是群众自编自演自唱，有的出口成歌，对答如流。如《十话哥十回妹》《送郎当红军》《月光光，光灼灼》等歌谣，流传很广，妇孺皆知。

经济、文化、教育事业的发展，提高了人民群众对"行共产、当红军"的认识，使扩红、筹粮筹款等工作得以顺利开展，为在车头、龙图、高头、司城、大仙等苏区进行的三次反"围剿"斗争胜利提供了保障。

三、蕉平寻苏区的武装斗争

（一）革命武装的建立和发展

中共蕉平寻县委、县苏维埃政府充分依靠原有武装基础，在斗争中不断发展壮大武装力量。1930年11月，根据赣南行委指示，赣南各县赤色武装统一合编为红军第三十五军，军长邓毅刚，政治委员罗贵波，总军需长邝任农。原寻乌县赤卫总队编为三十五军特务营，营长陈必达。与此同时，寻乌县从各区、乡征调赤卫队队员，重建县赤卫总队。合组蕉平寻县委前夕，东江红十一军参谋长梁锡祜、西北分委负责人刘琴西，在罗屏汉、潘火昌陪同下，于1930年11月下旬到寻乌留车，将东江游击队、寻乌游击队、平远游击队、兴宁赤卫队、龙川游击队合编为红十一军独立营及1个特务排，营长彭城，副营长罗文彩，政治委员罗屏汉。初建时3个连、200多人，后发展为4个连、近500人。此时寻乌地区农民赤卫队遍及区乡，蕉平地区也有分散的游击组织。新县委成立时，决定将寻乌赤卫总队及平远赤卫特务营归编于红军第六军第二师独立营。

1931 年 1 月底，县委与红三十五军军委召开联席会议，研究迅速扩大红军问题，决定由蕉平寻县输送 300 名兵员扩充红三十五军。2 月 8 日，县委作出决定，集中全县各地农民武装编成县赤卫总队，并从光留篛区选送 15 名党员，吉澄寻区选送 10 名党员，新平尺区选送 5 名党员入伍，以加强党的对县赤卫总队的领导。4 月间，县赤卫总队改编为红色连，共 3 个排，连长赵家基，指导员温联芳。是年秋，以红十一军独立营为主体，兼收地方赤卫队，扩编成立红十一军蕉平寻独立团，团长罗文彩，政治委员罗屏汉。

红三十五军独立营和地方赤卫队在保卫红色政权的战斗中，并肩战斗，连连得胜，屡建战功。1931 年 1 月下旬，红三十五军从信丰、安远来到寻乌留车，在蕉平寻县地方赤卫队配合下，分两路向广东平远、罗浮进攻，先后击溃寻乌车头、牛石反动民团，复又攻下丹溪、石正、仲石、中坑等处反动营垒。从平寻边境北上寻乌途中，红三十五军又击溃国民党粤军一个营，收复寻乌县城。随后，红三十五军向会昌县挺进，途中在筠门岭打垮寻乌澄江反动民团谢嘉猷部，威震边陲。

4 月，红七军来寻乌，县委借助红军力量，对篛乡区溪尾村顽固反动据点实施强攻，经 7 天激战，终于在溪尾插上了红旗。另外还铲除了其他一些赤区反动据点。

（二）三次反"围剿"斗争

敌人连遭失败后，恼羞成怒，几次拼凑兵力，疯狂地向蕉平寻苏区发动围攻。在县委直接领导下，依靠群众的支持，先后粉碎了敌人的三次"围剿"。

2月间，反动头子谢嘉猷带领500多团匪，纠集盘踞在叶子畲的潘满山匪部100多人，向蕉平寻苏区核心地区车头猛扑。红三十五军独立营和赤卫总队会同龙川农民绿林武装杨子杰部，预先在村外山上设下埋伏，待匪敌进入村中时，三路伏兵一起冲杀，向敌人发起猛烈冲击，死伤俘敌多人，缴枪20多支，生擒潘匪参谋长肖文（后处决），并从肖文身上搜获敌兴龙寻平四县反动武装联合"会剿"苏区的"作战计划"。三天后，潘匪又纠集兴平龙反动团匪，分四路"围剿"大田苏区，因红三十五军独立营已开往三标，寡不敌众，结果大田被攻陷。敌人烧杀抢掠后分四路退缩，地方赤卫队、游击队便择力量较小的潘匪一路猛烈追击。

3—4月间，潘匪又纠集兴宁张英反动部队200多人，"围剿"蕉平寻县龙图苏区。县赤卫总队挑选30名勇士组成大刀队，乘敌夜宿时冲入敌人营地左右挥刀，杀得敌人尸横遍地，只剩少数匪徒逃出。

6月间，匪首古乐三、潘梦春、严国兴、汤志伊、陈士英、谢海筹等联合组织兵力1000余人，向高头、司城、大仙背等苏区"围剿"。蕉平寻红军独立营、县红色连及区乡赤卫队同仇敌忾，奋力拼杀。经6天激战将敌击溃，又一次取得反"围剿"的胜利，匪首古乐三化装逃遁。

（三）反动武装突袭苏区驻地车子岗大湖背

邓崇卯主持召开传达贯彻蕉平寻"两个大会"精神会议后，坚决贯彻执行会议决定，整顿和健全党的组织机构。工作任务刚完成，便于 2 月 26 日偕同曹进洪、刘接盛等十余人进丹溪苏区，可是因敌情受阻，折回东石坳上革命据点，秘密开展革命斗争活动。蕉平寻苏区的石坝东长区以东石坳上为革命中心，区苏维埃政府机关设在东石坳上车子岗大湖背，亦是后来坝头区委、区苏所在地，也是蕉平寻交通总站。4 月，蕉平寻县委为尽快组织推动平远工作，派出武装 15 人潜回平远东石，归邓崇卯、曹进洪领导，刘接盛被选为蕉平寻县委巡视员。

一次，刘接盛率赤卫队队员抓到河头蒉茅坪土豪刘民绪，罚款 1000 毫。事后引起反动当局对坳上大湖背据点的监视。10 月 1 日，反动当局派强大武装张英部包围平远明洋村车子岗大湖背据点（交通站），因敌强我弱，大湖背据点被摧毁，为了掩护同志脱险，保存革命力量，邓崇卯在突围中壮烈牺牲，蕉平寻县委派回平远的巡视员黄振欧受伤，被捕 14 人。

刘接盛、曹进洪撤退到冷水坑，隐蔽在一间茅屋里，敌人尾随追至，刘接盛等决定冲出去拼个死活，于是夺门而出，猛然左右开弓，把敌人打翻在地，连夜返回热水，坚持革命斗争。此后，他们白天隐蔽，晚上下山活动，还有意把传单贴在柚树圩乡政府的墙上。12 月初的一天夜晚，刘接盛带领 20 多人袭击敌团防队，打死 1 名敌人。12 月 14 日拂晓，刘接盛等因叛徒告密，在家中被团防队包围，在掩护曹进洪等突围时，不幸腿部中弹受伤被俘，英勇就义。

四、红色交通运输线的建立

蕉平寻苏区成立后，属闽粤赣的联系中心县份，平远苏区成为中央苏区的所辖区域之一。由于地处闽粤赣三省交界处，它不仅成为中央苏区与粤联系的重要通道，而且成为中央苏区的南大门。特别是平远一直担负着发展出入口贸易、沟通闽粤赣三省及输送药品、食盐等紧缺物资的主要任务，因此秘密建立了连接中央苏区的重要红色交通运输线。

中央苏区时期，党组织秘密打造的两条重要红色交通运输线，在向中央苏区运输物资和护送干部中发挥了极其重要的作用，1931年4月下旬被蕉平寻县委分别命名为"马克思路""列宁路"。

"马克思路"是"由安远南乡走公平、新圩、留车、平远之中坑（行）圩往梅县"，长约39千米，宽约1米，为石砌路，坡度为十分之四，两旁多有高山夹峙。其中，平远段内的主要线路、交通站和负责人是：从寻乌丹溪至中行儒地（交通站站长易儒坤）—良畲（交通站站长林亚苟）—河头—东石大湖背（交通站站长黄运恩）—蕉岭徐溪；中行儒地—八尺—仁居（交通站站长马俊）—武平下坝或寻乌吉潭。"列宁路"路线为梅县龙虎—

大坪—平远石正—矮嶂岃—江西岑峰—大田—留车—筠门岭，1929 年 11 月 2 日，由石正群众作向导，朱德、陈毅、朱云卿率领红四军曾从这条山路胜利到达寻乌大田休整。

除此之外，平远境内还有众多秘密交通运输线，有庞大的农民运输队伍。在党的领导下，他们利用耕作或上山砍柴割芦作掩护，冒着生命危险，把奇缺的食盐、药品、布匹、百货等带出封锁线，千方百计打破敌人对中央苏区的经济封锁，解决中央苏区军民穿衣、吃盐、治病和制造弹药等后勤补给问题。

1932 年 2 月 29 日，中央红军某部运输小分队 19 人，在队长凌海泉的带领下，打扮成商人秘密到平远县城（仁居）采购物资，返回寻乌项山时，因天色已晚，就在位于平远与寻乌交界处的分水坳芹利伙店住下。入夜，国民党平远县警中队长张绍寅带人包围了该店，并敲开大门进入搜查盘问。此时，大部分红军战士已睡。检查到凌海泉时，他拔枪向张射击，门外县警闻枪声蜂拥而入，他和几名红军战士为掩护群众和其他红军战士撤退被俘，押往县城关押，货物 12 担、汇单 100 元和 1931 年 11 月 11 日印发的《中国红色互济会红五军一师总会为救灾互助告劳苦群众书》宣传品一沓等被缴去。5 月，红十二军在独立三师配合下进军平远，关押在县城（仁居）监狱的凌海泉等十多名战士被救出。

东石明洋赤卫队员黄友兴回忆："在民国廿年（1931 年）农历七月十四日，我挑盐、火水、火柴等物到江西途中，被国民党抓去坐牢一个多月……"仁居镇邹坊村刘崇忠回忆："我们在 1929 年农历三月十四日成立了邹坊赤卫队，由郑祥任队长，马俊任副队长，一共有 12 人。当时，红军队伍中食盐、布匹、药品都非常缺少，红军指战员只好吃硝盐（用老墙壁泥熬制而成），嘴唇都吃得干涸发白。因此，我们按照李营长的指示，主要任务就是为红军送盐送药。国民党对食盐管得很紧，限定每人每月最多只准买半斤盐，在各个路口设立哨卡，每人一次最多只准带 4 斤食盐回家。为了买到食盐，我们一方面通过亲戚熟人向老板多买一点；一方面我们利用守卡敌兵上下午换岗的机会，上午带一次盐，下午带一次盐，等凑足了几十斤盐，便星夜赶往吉潭送给红军，有时也带上一些红军急需的成药和西药。每次送盐送药，红军都给了我们酬劳费。久而久之，我们的行动被敌人察觉了，他们便在通往江西的大畲坳、分水坳、连地、磜下都增设了哨卡。一经被查获，不但食盐、药品被没收，还要以通赤匪的'罪名'论处，抓去坐牢、杀头。在这严峻的情况下，我们认真研究，如何冲破敌人的封锁，完成红军交办的任务。经过冥思苦想，集思广益，终于想出了一条妙计：就是将挑柴草的竹杠的竹节打通一头，把食盐装进竹杠里，组织老婆、姐妹等假装上山割柴草，越过敌人的哨卡后，便将食盐倒出装进布袋，不走设有哨卡的大路，绕道走羊肠小道，把食盐、药品等物资送给红军……一直坚持了 5 年多时间，直到红军长征为止。"

石正的谢宏崧、谢寿崧、刘天福、刘习二、刘奇连、谢紫崧、谢万崧等人先后与共产党地下工作人员密切接触并被发展加入革命组织，参加抗租、抗债、做开明绅士工作和暗中为苏区红军买米、买油、买盐、打探敌情、掩护革命同志等活动。马鞍石、赤竹坪的成年男子几乎都参加了赤卫队组织，当时，17户人家、50余人，其中有20多个青年男人，几乎都被国民党抓过，受过刑罚。

五、蕉平寻苏区的丧失

1931年5月，梁锡祜、罗华明到蕉平寻苏区担任县委书记和团县委书记。梁、罗上任后，不顾蕉平寻苏区的客观实际，继续推行王明"左"倾错误路线和肃清"AB团"斗争，大搞宗派主义，排斥蕉平寻本地干部，在全县大力开展反"AB团"斗争，枉杀优秀地方干部，使蕉平寻党的组织受到严重破坏。夏秋之间，蕉平寻县委的内部"肃反"严重扩大化。"肃反"扩大化激起了苏区广大干部群众的极大愤慨。中共篁乡区委书记刘金仁、区苏维埃主席李日超领导群众进行了公开抵制和斗争。

红七军到达会昌筠门岭时，刘金仁、李日超前往申诉。经会寻安中心县委书记邓小平到寻乌调查后，果断地免去了梁锡祜县委书记职务，反"AB团"的斗争才被制止。

与此同时，龟缩在苏区周边的敌军、蕉平寻三县县警和反动民团伺机疯狂反扑，使蕉平寻苏区的革命力量遭受严重损失。据统计，这段时间被国民党反动派杀害的干部群众25200多人，烧毁民房18759间，荒废土地34000多亩。在内忧外患的形势下，县委驻地逐渐北移，1931年初设黄田、留车，后搬石马，同年秋退至河角。1931年底，蕉平寻县党政领导机关迁入寻乌县城。此时，蕉平地区党组织所剩无几。1932年春，蕉平寻县委、县苏维埃政府名称改称为中共寻乌县委、寻乌县苏维埃政府。原蕉平寻县委、县苏维埃政府领导班子与工作人员即转为寻乌县委、县苏维埃政府领导班子与工作人员。蕉平寻苏区建立起来的苏维埃政权绝大部分丧失。

中共蕉平寻县委、县苏维埃政府是在特定的历史条件下根据斗争形势的需要而组成的。它在领导蕉平寻地区人民开展土地革命、武装斗争、经济文化建设和革命群众团体建设等各项运动中，特别在保卫中央苏区南大门，粉碎敌人的第二、三次"围剿"的斗争中，建立了不朽的功绩。蕉平寻县苏维埃区域与中央苏区紧密联系在一起，它的建立是扩大和巩固中央苏区的重要成果。

六、蕉平寻苏区后期斗争

（一）与敌开展殊死斗争

1932年后，原蕉岭、平远地区及寻乌南部地区被打散的革命武装仍顽强地在原地坚持斗争。由红十一军独立营扩编成的蕉平寻独立团，仍坚持在粤赣边开展游击战争，遏制广东军阀北犯。寻乌南半部的留车、芳田等几块割裂的红区，傲然屹立。这些红区的农民赤卫队，誓与红区共存亡，与敌人开展殊死的战斗。留车区的芳田乡在周围都是白区的情况下，坚壁清野，全乡600多军民退守于山坑寨，凭借山寨居高临下的险要位置，以人在阵地在的坚强意志，人自为战，老小动员，打退了敌人的多次进攻。直到1932年3月，因敌军用大炮轰开寨门，阵地才被攻陷。撤退时，群众从后门进入密林。赤卫队队员除一部分带领群众一起撤退外，大部分仍坚守阵地，弹药打光了，就用大刀、石块，甚至用牙齿跟敌人肉搏，威震敌胆，气壮山河。其他沦陷区亦有小股精干的游击队与国民党反动武装展开拉锯战斗，机智勇敢地打击敌人。

直至1932年春，坚持斗争在平远和寻乌南部地区的同志才北撤至寻乌北部及安远、会昌两县，参加当地苏区工作。蕉岭的陈炳坤等共产党员在大坪塘山坑等地从事地下革命活动，与江西会昌县筠门岭党组织取得联系后，前往江西会昌参加了红军部队。

（二）蕉平寻独立团并入红军独三师

1932年2月，蕉平寻独立团政治委员罗屏汉调会昌任县委组织部部长后，独立团进行了改组，黄世昌为团长，钟亚庆为副团长，罗文彩为政治委员。曹进洪任第三连连长，后为副团长，由曹进洪率领的原平远赤卫大队有270人枪。

1932年底，蕉平寻独立团及平远兴宁随团撤退人员大多统编入红军独三师（原红三十五军），小部分则编入第三作战军军分区。平远人赖杞生在会昌第二期教导队训练结束后，担任红军独三师八团代团长，并率部与七团汇合，集中兵力，攻打寻乌县城，敌军张英一营居高临下，凭固死守，红军连续强攻了三天三夜，最后采取挖地道，城脚放炸药包办法，炸开城墙，与敌人展开浴血巷战，终于收复寻乌县城。从此，原蕉平寻独立团健儿与中央红军一起驰骋在中央苏区各个战场。

七、中央苏区粤赣省时期的斗争

（一）中央苏区赣南挺进队在兴平寻龙开展游击斗争

为配合中央苏区第四次反"围剿"战争，在赣粤边境巩固中央苏区的南部屏障，中革军委派遣红军游击队深入寻乌、平远、兴宁开展游击战争。1933年2月，曹进洪率领中央苏区红军游击队赣南挺进队回师平远大信新村，3月，在当地游击队的配合下，占领平远石正，并推进到梅北。6月被任命为赣南挺进队政委，并率队挺进到龙川开辟新的游击区，在马市、小东坑、径口、大围等地活动，发动群众，开展游击战争。

8月16日，粤赣省成立，平远石正、大柘以北与寻乌一起划入中央苏区粤赣军区第二作战区。为实施"繁殖游击队、造成游击区域"的战略决策，中央苏区曾先后派出了5支挺进游击队，挺进到兴龙平寻地区开展游击战争。其中第五挺进游击队即粤赣边区游击总队司令部蕉平挺进队，由罗屏汉、曹进洪、陈锦华

（陈侃）等领导，有4个连、400多人，装备较好，活动于寻乌、平远、蕉岭边境一带山区，巧妙战斗在交通线上，不断袭击敌人部队，劫夺辎重，牵制了广东军阀陈济棠南线进攻部队，策应中央红军主力作战，战绩显著，刘伯承特撰文表扬，发表于中央苏区机关刊物《战斗》。

粤赣军区政治部主任、闽粤赣边区游击纵队司令员罗屏汉和曹进洪等率队在寻乌、平远、兴宁、龙川边境开展游击战争，经常在石正安仁、马赤等地居住和开展游击活动。1934年8月12日，曹进洪在龙川的冷水坑反"围剿"战斗突围中壮烈牺牲，年仅23岁。

（二）粤赣边军政委员会成立

中央主力红军长征后，1935年2月，留守中央苏区红军分九路突围转移分散到周围地区广泛开展游击战争。其中由汪金祥率红二十四师的4个连，到寻乌南部和蕉岭、平远、武平一带进行游击战争。突围转移期间与余汉谋部激战3日，损失惨重，汪金祥与红二十四师七十二团团长李天柱所率二三十人突出重围，到达寻乌南部，3、4月间先后与突围出来的独立团负责人张凯、红二十四师师长兼七十团团长周建屏、原江西省副主席陈正人及活动在兴平龙寻地区的粤赣省苏维埃政府副主席罗屏汉汇合。

4月初，粤赣边军政委员会成立，统一领导兴龙平寻地区的党政军各项工作，由罗屏汉任主席，周建屏任副主席，李天柱、张凯、陈铁生、杜幕南、陈侃为委员。下辖安远、寻乌、兴龙3

个县委。兴龙县委驻时属平远县管辖的大信南扒新村，辖平远的石正、兴宁的罗岗、罗浮 3 个区委。部队分为 3 个大队，分别在安远、寻乌和广东平远、兴宁一带活动。

4 月下旬，周建屏、陈正人、张凯等率领第二大队，随罗屏汉一道经项山大中到仁居，又从仁居到八尺，来到石正的刀把子、天子嶂一带山区开展游击活动。

5 月下旬，革命形势异常艰苦，游击队在平远石正九王村的三对岃一带继续跟敌人展开斗争，潘秉星护送陈正人到香港，归队时还带回一个完整的警卫连，投入战斗。7 月 9 日，罗屏汉在龙川径口游击突围时壮烈牺牲。兴龙平寻游击武装在不断失去领导人后，为了保存力量，化整为零，潜伏隐蔽，一部分游击队员转移到平远石正。

第三章
全民族抗战时期的隐蔽斗争与抗日宣传活动

第一节　深入开展抗日救亡活动

1931 年 9 月 18 日，日本帝国主义武装侵略中国东北。此后，以蒋介石为首的国民党政府却置民族危亡于不顾，提出"攘外必先安内"的口号，实行不抵抗政策，对日本侵略者妥协退让，而对共产党的军队则继续倾力"清剿"，扼杀抗日爱国力量。中国共产党从九一八事变起就坚决主张对日抗战，并制定了"团结一切可以团结的力量，建立抗日民族统一战线"的战略方针，做了大量卓有成效的工作。1936 年 12 月 12 日发生的西安事变的和平解决，对促成以国共两党合作为基础的抗日民族统一战线起到了重要影响。

1937 年 7 月 7 日，日本帝国主义者以制造卢沟桥事变为起点，发动全面侵华战争。次日，中共中央发布抗日通电，号召"全民族抗战"。通电指出，只有全国人民、军队和政府团结起来，筑成民族抗日统一战线的钢铁长城，抵抗日本侵略，才是中国的出路。同时，中共中央派周恩来等与国民党蒋介石谈判。经过共产党人的不懈努力和斗争，面对日本帝国主义妄图吞并整个中国的严峻形势，迫于举国上下呼唤团结抗日的强大压力，国民党当局终于接受了中共提出的抗日救国主张，实现第二次国共合作，共同抗日。

全面抗战爆发后，在全国抗日救亡运动的影响和一批进步人士的引领下，特别是当平远籍将领黄梅兴、姚子青、姚中英等在抗日前线英勇杀敌，先后为国捐躯的消息传到平远后，具有爱国反帝光荣传统的平远人民迅速掀起以抗日宣传、支前捐献和慰问前方将士为主要内容的抗日救亡运动。全县举办了为期一个月的献金劳军运动，当时全县人口不过 10 万人，便募集了 2.6 万元汇往抗日前线，以鼓励民族战士、平远英雄儿女英勇杀敌保中华，同时进一步激发了全县人民投身抗日救国的热情。

上海沦陷后，从上海回到平远家乡的大学生杨世承，因在沪与中共领导创建的左联组织有接触，与进步作家鲁迅常有书信往来，积极开展抗日救亡运动。1939 年夏，仁居中学任教的杨世承在平远县城仁居开设群力书局，以出售进步书刊、传播进步思想、宣传抗日救亡为旨。书局在组织货源上，着重采购与当时抗战形势紧密相关的书刊和五四运动以来的进步文艺作品，计有毛泽东、鲁迅等的作品数十种之多。此外书局还经常将宣传抗日救国的书刊盖上"群力书局赠阅"图章，送到"平远通俗阅书报社"供群众阅读，为过去因消息闭塞被愚弄的广大群众送上有益的精神食粮，让群众认识到中国共产党的抗日主张，激发了群众投身抗战的热情。

1940 年春，群力书局团结起一批热血青年，组织成立醒群剧团。该剧团以宣传抗日、宣传进步思想为宗旨，组织排演了丰富多彩的节目，有话剧、歌剧、独唱、合唱、民歌、快板，每逢元旦、春节、寒暑假，有时逢圩日都会在县城中山纪念亭演出，有时甚至连续演出3个晚上。1941年暑假，剧团还深入东石、坝头、大柘等地的圩场演出。由于醒群剧团演出主题是揭露日本帝国主义残暴的侵略罪行，表现中华儿女反抗侵略、保国卫民的英雄品质和气概，内容紧紧结合当时抗战形势，深入群众，而且布景、灯光道具较为先进，因此每次演出都能吸引成百上千的群众。

第二节 实施"隐蔽精干"方针，开展抗日宣传活动

一、扎根学校，做好"三勤"工作

抗战中后期，中共梅县中心县委秘密安插了一批党员和进步教师到平远，扎根学校，以教职作掩护，做好"三勤"（勤业、勤学、勤交友）工作，积极开展抗日宣传活动，打破了平远抗日救亡工作的沉寂局面，极大地提高了人民群众的政治思想觉悟，为平远解放战争时期各项斗争的顺利开展奠定了思想基础。

1941年1月，皖南事变发生，国民党顽固派破坏国共合作抗战路线，悍然掀起第二次反共高潮。潮梅地区的国民党顽固派势力亦加剧了破坏、压制共产党及抗日团体的活动。

1941年春，中共梅西李坑乡党支部书记李颂寿到平远丰光聚星小学担任教员，并赢得了校长陈周桢的信赖与支持。1942年春，中共党员饶展湘于东山中学高中毕业，回乡到中行植基小学任教。

1942年6月，因叛徒出卖，中共南方工作委员会遭到国民党特务的破坏。"南委事件"后，南委所属各级党组织加紧了疏散隐

蔽党员工作。梅县党组织通过李颂寿和饶展湘等的关系，在平远超竹、中行、石正、仁居、坝头的一些中小学校安插党员和进步人士 30 多人。

二、超光社和先锋读书会的建立

1942 年暑假，聚星小学和中行植基小学分别成立了进步的抗日社团组织——"超光社"和"先锋读书会"，从此，这两间学校进步师生凭借合法的社团组织，更为公开、更有组织地大张旗鼓宣传抗日救亡。

超光社由聚星小学校长陈周桢任主任委员，李颂寿为组织委员，陈玉堂为宣传委员，陈立桢为财务委员，吸收聚星小学进步师生、校友和农村进步青年等 30 多人入社。超光社利用课余、假日，在校园内办壁报、黑板报，大力宣传抗日前线爱国军队，特别是八路军、新四军英勇杀敌的事迹，揭露日本侵略者的血腥罪行，抨击国民党顽固派消极抗日、积极反共的反动政策。超光社还发动社会青年组织话剧队、醒狮队深入山村进行抗日宣传，话剧队排演了《打日本》《活捉汉奸》《兄妹开荒》等剧目，利用"双十"节、元旦、春节公开在超竹圩演出，而醒狮队则到各乡村巡回表演。《义勇军进行曲》《大刀进行曲》《黄河大合唱》《松花江上》《太行山上》《吕梁礼赞》等抗日歌曲在超竹丰光一带山村中广为流行传唱。

由地下党员赖达文、饶展湘等倡办的植基小学先锋读书会先后发展会员 20 多人。会员平时互相传阅进步书籍报刊，共同讨论抗战时事。读书会组织会员在中行圩公开演出话剧，进行抗日宣传活动。

1945 年 5 月，国民党广东省政府机关迁至平远。7 月，平远设立军警巡查处，当时，仁居、大柘等地岗哨林立，戒备森严。当地国民党顽固势力则极力限制和破坏超光社等抗日团体的活动，他们出动武装，制止剧团演出，收缴设备，驱散群众，还通过学校迫害参加活动的学生。但是，超光社不怕打压，坚持活动。

第四章

平远迎来解放的曙光

第一节 恢复和发展武装斗争

抗日战争胜利结束后，国民党统治集团为了独占抗战胜利果实，不顾全国人民要求和平建国的强烈愿望，依靠美帝国主义支持，加紧策划内战，妄图一举消灭共产党和人民武装力量。为了争取中国走向光明前途，中国共产党领导人民同国民党统治集团开展复杂而激烈的斗争。中国革命由此进入一个新的历史时期——解放战争时期。

1946 年 6 月，蒋介石反动集团悍然发动了全面内战。11 月 6 日，中共中央指示广东区党委，要求华南公开建立游击根据地，开展武装斗争。1947 年 6 月间中共闽粤边工委召开会议，贯彻落实中共中央和广东区党委的指示，确定了"先粤东后闽西南"的游击战争发展方针。

一、揭开平远解放战争的序幕

1945 年 9 月，中共梅县工作委员会决定成立中共梅西区委员会，组织领导群众同国民党反动派开展针锋相对的斗争。10月，中共梅西区委派党员陈育权到平远超竹一带活动，开展秘密串连，着手建立游击根据地。

1946年春，组建梅西武工队，队长陈永青，队员先后有黄旋、余坚、陈华、马添荣等。主要任务是建立和巩固梅西游击据点，开辟包括梅（县）兴（宁）平（远）蕉（岭）在内的新据点。8—9月，中共梅西区委改特派员制，贯彻"隐蔽精干，长期埋伏，积蓄力量，等待时机"的方针，中共党员和武工队队员一部分就地隐蔽，一部分转移到平远、江西寻乌一带隐蔽，由梅西区特派员陈永青单线联系。同年秋，中共党员黄旋、赖森文转移到平远超竹大塘山，李发英到超竹聚星小学，都以教书为掩护，秘密进行宣传活动，引导当地青年走革命道路。

1947年3月，李发英介绍大柘景清小学青年教师陈玉堂加入中国共产党。陈玉堂入党后，首先在自己的家乡超竹樟坑里组织成立"乔樟青年社"，组织民兵开展革命活动。

4月17日，陈永青在长田客栈住宿，被国民党当局逮捕，中共梅县特派员廖伟得悉后，为防止组织被破坏，即通知各分散隐蔽的同志迅速转移。

5月，闽粤赣边区人民解放军粤东支队成立，刘永生任支队长，杨建昌任政治委员，程严、廖启忠、徐达任副支队长，王立朝任副政治委员兼政治部主任，郑金旺任参谋长。此后，粤东地委决定重建梅西武工队，巩固老据点，开辟新据点，发动群众，开展反"三征"（征兵、征粮、征税）斗争，解决"人、钱、枪"

问题，建立基地，扩大队伍，开创梅兴平蕉边县武装斗争的新局面。

9月26日，粤东支队杨建昌、程严、廖伟、梁集祥等领导的小分队，在梅西武工队配合下，一举摧毁国民党长田乡公所，敌乡长以下9人全部被俘，缴获驳壳枪6支、长枪7支、子弹3000多发，而小分队无一伤亡。突袭长田乡公所，打响了解放战争时期平远武装斗争的第一枪。突袭长田乡公所的胜利，是中共闽粤边工委、粤东支队贯彻"先粤东后闽西南，以粤东为重点，普遍开展游击战争"方针的胜利。它振奋了边区军民的革命斗争意志，为开展边区武装斗争起了极大的推动作用。

长田、热柘毗邻梅县，粤东支队突袭长田乡公所胜利后，梅县梅北于11月组建了武工队。随后，长田的石角、瓜坪、鸡麻坑，热柘的热水、龙湖坪、相过坑、烂鱼塘等地成为各路武工队共同开辟的军事通道和可靠的游击基地。石角村还一度是梅兴平蕉边县委机关和曙光报社的所在地。

超竹的樟坑里，经陈玉堂的串连发动，民兵踊跃参军参战，成为解放战争时期平远革命活动的先行点。大塘山、杉坑是梅西武工队通往平远的必经之地。为了开辟这2个村为游击根据地，梅西武工队于11月29日组织力量打击大塘山、杉坑地主姚增喜、陈喜凡，缴获曲尺手枪1支，没收稻谷和其他物资一批。此次武装行动极大地激发了广大群众的革命积极性，有一批进步青年加入了革命队伍。

12月，在梅西组建了梅兴平蕉边县游击队（对外称第四武工队），同时抽调梅西地下党员赖森文、谢素敏与平远的革命骨干陈玉堂、陈玉湘、姚天民、姚铁汉等成立了梅平武工队，负责人赖森文，主要任务是在平远发动群众，建立民兵、农会组织，壮大队伍，镇压反革命分子，收缴民枪，开展反"三征"和减租减息，并做好统一战线工作。

梅平武工队成立后，迅速地在超竹大部分村庄和石正的棉羊、潭头等地打开局面，建立据点。1948 年 1 月 5 日，梅平武工队依靠武装部队的支持，发动群众在超竹破仓分粮，同时打击地主陈丁四、陈丁六，强制他们交出钱粮。

2 月，梅平武工队根据上级指示，吸收进步青年组建了平远区队，陈玉新任区队长，有队员十多人，后发展到 20 多人。革命活动范围由超竹向大柘风池、中行仲石方向发展。与此同时，梅北武工队、梅西武工队、大坪工作队等分别在平远边境的热柘热水、瓜坪、烂鱼塘，长田石角、石赖，石正上新、大窝里、桐树下、龙坑等地串连活动和进行革命渗透，建立了众多据点和关系户、堡垒户，为中共梅兴平蕉边县委及其领导的独四大队出击平远提供了十分有利的条件。

二、发动武装出击摧毁国民党乡政权

1947 年冬，中国人民解放军粉碎了国民党反动派百万军队的进攻，敌我力量发生了根本的变化，中共中央发出"打倒蒋介石，解放全中国"的号召，全国转入大规模的反攻。在闽粤赣边区，经过粤东支队"大麻出击""三乡歼敌"取得重大胜利后，革命形势迅猛发展。11月下旬，粤东支队经过马图休整扩编，兵分三路，开赴梅兴丰华、梅兴平蕉和饶和埔丰各边县，对敌人发动广泛的进攻，以加快开展各边县游击战争，帮助地方党组织发动群众，开辟新区，巩固老区，建立武装。

12月，粤东支队程严小分队与梅兴平蕉边游击队一起，接连摧毁梅县石扇乡公所和兴宁石马乡公所，消灭国民党的自卫队，缴获大批枪支弹药，还筹集到黄金2斤、光洋4500块、军用物资一大批，并破仓分粮，救济贫苦群众。

（一）中共梅兴平蕉边县工委、独四大队成立

1948年1月下旬，中共梅兴平蕉边县工作委员会（简称边县工委）在大坪薯田芹菜塘成立，书记黄戈平，组织部部长黄旋，宣传部部长叶雪松，委员程严（专管军事）。边县工委辖梅县西北、兴宁东北、平远全境和蕉岭新铺、三圳、徐溪以及寻乌边境等地党组织。在成立边县工委的同时，梅兴平蕉边县游击队与粤东支队程严小分队合并，成立了闽粤赣边区人民解放军粤东支队独立第四大队（1949年1月改称为中国人民解放军闽粤赣边纵队第一支队独立第四大队，简称独四大队），大队长程严，政治委员黄戈平（兼），副政治委员黄旋，政治部副主任彭霖，下设2个中队，计50多人，为梅兴平蕉边县主力部队。

独四大队成立后，在边县工委的直接领导下，制订了收缴官僚地主武器、发展壮大革命武装、以平远为主要出击方向创建梅兴平蕉边县游击根据地的行动计划。梅平武工队、平远区队配合独四大队频频出击平远，取得辉煌战绩，政治影响遍及粤赣边区。

（二）夜袭大柘、坝头乡

根据对大柘敌人防务情况的周密调查，大柘是敌人重点驻防的地区，力量比较强大，不宜硬攻。经策反，敌警察姚玉仕、陈水兴同意内应配合。1948年2月16日晚，独四大队由程严、黄戈平、黄旋率领部队兵分三路向大柘圩进发，一路主要兵力包围驻羊子甸敌自卫中队，但不动声色，围而不攻；一路2个短枪班直插敌警察所；一路由少数战士去解决驻大柘圩上的国民党乡公所。短枪班迅速攻下警察所后，投入围歼敌自卫中队战斗。在大队长程严强大的政治攻势下，敌自卫中队60多人即开门举手投降。是役计俘敌100多人，缴获日式轻机枪1挺、各式短枪30多支、长枪50多支、各种子弹6000多发，而独四大队无一伤亡。

独四大队夜袭平远重镇——大柘，一举摧毁敌警察所、自卫中队、乡公所，大获全胜，极大地震惊了梅兴平蕉边境之敌，鼓舞了边区军民的革命斗志，大大增强了独四大队的声威和实力。

夜袭大柘告捷后，程严、黄旋于2月20日晚率二中队会同梅平武工队，从超竹乔樟村出发，经乌石头、练坑里、南山岽直奔坝头圩，分兵两路，一路取坝头乡公所，一路到余俊贤家缴枪。乡公所与余俊贤家相距仅半公里，便于互相支援。战斗按计划取得胜利：取乡公所的一路，未发一枪一弹即控制了乡公所，将所有册籍付之一炬；另一队在余俊贤家缴到捷克式机枪 1 挺及零部件一批（后来用这些零部件又装备了一挺机枪），大大加强了部队的武器装备。结束战斗后，部队撤至超竹麻竹畲宿营。

（三）强攻石正

独四大队攻打大柘、坝头后，梅兴平蕉边县工委决定乘胜出击石正，摧毁石正国民党政权。3 月 14 日（石正圩日），部队分 3 个行动组攻打石正炮楼。第一组为短枪班，是战斗的主力，他们扮装成买牛的群众到炮楼前牛岗行上，待命攻击炮楼；第二组为机、步枪班，秘密潜入预定位置，以火力掩护第一组行动；第三组执行其他任务，如剪除石正到大柘电话线、监视敌情等。当日，石正牛岗行上买卖耕牛的群众熙来攘往，第一组短枪班战士混在群众中，但是，敌人有所察觉，突然关闭了炮楼，战士们当机立断，实施强攻。部队迅速攻进炮楼，俘虏了全部敌人，击毙了国民党平远"戡乱建国委员会"主任凌准，而独四大队无一伤亡。部队攻下牛岗行炮楼后，迅速查抄了石正乡公所，烧毁田赋册籍，并将国民党石正粮仓的粮食和物资分发给贫苦农民。

3 月 14 日下午，结束石正战斗后，边县工委率独四大队及梅平武工队向江西寻乌茅坪进军。经过连日的侦察调查监视，3 月 19 日早晨，当敌伪乡长赖富邦等进入乡公所后，指挥员"砰"的一声发出了围歼信号，埋伏在乡公所后山的主力部队迅速包围乡公所。战斗半个小时，击毙敌警长何某，但因部队地形不熟等原因，赖富邦及其自卫队大部分脱逃。是役，毙敌 1 人，缴获冲锋枪 1 支、驳壳枪 3 支、步枪 20 多支，焚毁乡公所的所有账簿册籍。这次战斗打响了挺出外围、突向赣南边区的第一枪，撕破了敌人的边境联防网。

茅坪战斗以后，独四大队决定乘胜出击八尺。3 月 20 日，黄戈平、程严、黄旋率领独四大队约 100 人离开仲石到八尺甜畲宿营。23 日天亮前，部队到达八尺圩附近，不慎被狗吠声暴露，敌乡公所和驻在炮楼里的敌自卫队惊醒，仓皇逃跑。程严指挥部队迅速拦截敌人，击毙敌平远县自卫队大队长赖士敏，伤敌 1 人，缴获短枪 2 支、步枪十多支。

3 月底，梅兴平蕉边县工委及其所属的独立第四大队、梅平武工队等各工作队均返回梅西根据地休整。为了总结经验，边县工委在驻地龙兴寨隆重召开军民祝捷庆功联欢大会。大会认真总结了独四大队成立两个多月来重创敌人，接连摧毁平远大柘、坝头、石正、八尺、寻乌茅坪等地国民党基层政权和反动武装且所向披靡的成绩。部队在战斗中发展壮大，从原来的 50 多人，迅速发展到 160 多人，拥有轻机枪 3 挺、冲锋枪 3 支、驳壳枪 60 多支、步枪 80 多支，开辟了由梅西、梅北到平远、蕉岭和寻乌边境的广阔的游击区。

梅兴平蕉边县工委根据闽粤赣边工委和粤东地委关于发动群众斗争，必须建立民兵组织和从发动群众中去组织农会的指示精神，从 1948 年 2 月开始，在边县范围内普遍以村为单位建立了农会组织，全边县约有农会会员 2 万人。在党的武工队深入发动下，农会、民兵组织在平远各游击基地先后建立起来。到 2、3 月间，超竹各村、石正棉羊等村以及热柘烂鱼塘、长田瓜坪均成立了农会或民兵组织。到是年底，平远南半部的农会和民兵组织在各地先后建立起来了。

第二节　粉碎国民党的军事"清剿"

1948 年春，中国人民解放军在各个战场展开强大的春季攻势，蒋介石为了挽救全面崩溃的危机，把"经营华南"作为其一项重要的战略任务，委派宋子文任广东省政府主席。1948 年 3 月下旬，国民党闽粤边区"剿匪"总指挥部总指挥涂思宗在梅县松口召开闽粤边"清剿"区 10 县军事会议，纠集福建省保二、保三团，广东保五、保十二团及独立营等正规军和 10 个县的地方武装共 1.5 万余人，实施其对粤东地区的所谓"全面清剿"的"十字扫荡"，叫嚣"三个月内消灭边区土共"，把梅兴平蕉边区作为"重点进攻"的目标之一，并立即调兵遣将，派驻梅县梅西和平远石正、大柘等地。3 月底，在大柘成立了"前进指挥所"，任命刘茂文为指挥所主任，凌育旺为副主任，将省保警一个加强连（连长黄月桂）派驻大柘。同时还成立了梅兴平寻龙五县联防指挥部，指挥部主任谢海筹率一个中队驻石正，副主任张秉宏率一个中队驻大柘，平远县警中队驻中行，重点围攻独四大队。

在这严峻形势下，梅兴平蕉边县工委及其边区武装紧紧依靠游击根据地的群众，同敌人进行了艰苦卓绝的斗争，虽然经受了较大的挫折，但最终粉碎了敌人的"围剿"，巩固和发展了游击根据地。

一、南台山战斗

1948 年 3 月 31 日，中共梅兴平蕉边县工委召开会议，由边县工委书记黄戈平传达上级关于粉碎涂思宗"十字扫荡"的指示，制定"各部队挺出外围以优势兵力打击敌人，粉碎敌人进攻"的作战方针，决定独四大队避敌锋芒，挺出外围，在寻乌边境开辟新区。同时决定加强梅平武工队的领导，派陈悦文任梅平武工队队长，赖森文任副队长，开辟寻乌茅坪，打通线路，并在热柘、凤朝坑等地开辟新区，做好大部队挺出外围的准备

4 月 4 日，边县工委率独四大队离开梅西，经平远大塘山、田坑里，于 4 月 6 日到达石正南台山嶂肚里宿营。按边县工委的指示，梅平武工队、平远区中队从仲石于 8 日凌晨赶到南台山嶂肚里与独四大队汇合。由于独四大队与梅平武工队的行动被代号为"生字 181 号"内奸、武工队队员张洪安得知，并向梅兴平寻龙五县联防指挥部副主任张秉宏告密，4 月 8 日，独四大队、梅平武工队和平远区中队约 200 人在南台山嶂肚里遭国民党广东省独九营及梅县、兴宁、平远、寻乌、龙川五县联防大队、江西寻乌茅坪自卫队共 8 个连、700 多人的五路围攻。

8日早饭后，部队领导和刚赶来的梅平武工队负责人一起研究军事行动，突然接到高山哨岗紧急报告，部队被敌人包围。大队长程严立即部署战斗：由黄戈平、黄旋率第一中队和平远区中队占领后山，以防御石正来敌包围；程严亲率第二中队正面狙击敌人。来犯之敌是黄月桂的一个加强连和张秉宏的自卫中队。他们先摧毁紫灵山庵交通站，将庵主张洪如杀害，接着蜂拥登山，当受到狙击时，便抄起手榴弹、机枪、步枪等轻重武器，集中火力向第二中队扑来。第二中队在大队长程严指挥下，以有利的地势，居高临下，有力地反击敌人，压住了敌人密集火力的多次进攻。约11时，敌机枪手被击毙，程严乘势指挥第二中队发起冲锋，正当程严回头高喊"同志们，冲啊！缴机枪！"的瞬间，他头部中弹。分队长张新才、战士张学忠冲在前面，待接近敌机枪时，敌人密集的火力扫射过来，张新才、张学忠不幸中弹牺牲。这时敌人的后续部队蜂拥而上，战斗打得更加激烈。程严负伤后仍然坚持指挥战斗，但终因伤势过重昏了过去。这时，第二中队立即组织指挥战士把程严抬上后山，并继续坚持战斗，边打边撤。

黄戈平得悉第二中队阵地战况后，命令第一中队坚守阵地，掩护第二中队撤退，并派短枪班抬着程严转移。当短枪班转移到后山的半山腰时，遭石正方向窜来的谢海筹自卫队拦击，幸有严阵以待的第一中队以猛烈的火力把敌人击退。这时程严苏醒过来，坚定地说："你们不要管我，战斗要紧，回去坚持战斗。"于是短枪班战士只得将程严藏在树丛中，返回阵地继续战斗。

在敌我力量悬殊，大队长程严身负重伤的情况下，副政治委员黄旋率第二中队往后山撤退。由于不熟悉地形，黄旋急于寻找撤退路线，在崎岖的山崖上往下探视，不慎跌落悬崖，生死未卜。这时敌人再次向撤退的第二中队猛烈攻击，关键时刻，占据有利地形的第一中队以密集的炮火轮番向敌人扫射，有力地阻击了敌人的进攻。

战斗持续了几个小时，敌人始终未能攻占后山阵地，直到下午4时多，下了一场大雨，南台山大雾弥漫，第一中队在第二中队撤退后，迅速撤离阵地，分队长叶俊率领的一个班在另一个山头负责断后掩护。

8日晚，黄戈平率第二中队五六十人撤到岩子里的庵下，煮饭充饥后决定撤回梅西。第二天天亮，经过黄花陂时，又遭到敌人的截击，黄戈平左腿负伤，流血不止，他忍痛继续指挥队伍冲过公路登上山头，后与第一中队会合并一同撤回梅西。负责断后的叶俊等6人撤到寻乌边境的岩子里（地名）的一个石岩中隐蔽到次日，又碰上赖富邦自卫队搜山。叶俊出去察看地形时不幸中弹牺牲，其余5人在第三天晚上才撤回梅西。

副政治委员黄旋跌落悬崖，摔伤昏迷，第二天被赖富邦部搜山时发现抓去，直至南雄解放前夕才被南下大军从南雄监狱解救出来（经组织审查后恢复党籍）。大队长程严负伤落入敌手。敌人用竹床把程严抬到石正圩后，不敢久留，即解往兴宁的罗岗。谢海筹在审讯中发现他就是独四大队大队长程严时，便立即把程严解往兴宁县监狱。在国民党反动派威逼利诱、严刑拷打面前，程严坚贞不屈，始终没有泄露党的秘密。4月22日，敌人把程严押到兴宁县城大坝里枪杀，当敌人想在群众的甘薯地里行刑时，程严怒斥敌人不要糟蹋群众的庄稼，换个地方执行。临刑前高呼："中国共产党万岁！"围观的群众无不为之感动。

程严，原名程荣贤，俗称阿严哥，河南省光山县人，少年参军，经历二万五千里长征。从抗日战争中后期到解放战争时期，一直在闽粤赣边区从事无线电通信及组建武装部队工作。1947年参与组建粤东支队，任副支队长。1948年1月，率部到梅兴平蕉边区开辟游击根据地，参与组建中共梅兴平蕉边区县工作委员会及其所属粤东支队独立第四大队，兼任边县工委委员和独四大队大队长，是梅兴平蕉边区人民十分敬仰的一位英雄。

激烈的南台山战斗，牵制了大量敌人，为闽粤赣边区主力部队粉碎敌人的"十字扫荡"减轻了压力并赢得了时间。但独四大队遭到敌人重兵围攻，损失惨重，部队2位领导人被捕，6人牺牲，队员失散近百人。

二、白色恐怖笼罩下的平远

南台山战斗后，独四大队撤回梅西老区，边县工委决定精简队伍，分散隐蔽活动，伺机集中兵力对付敌人的"进剿"。根据粤东地委和粤东支队的指示，独四大队第二中队40多人编入驻扎在梅南的独九大队，剩下的40多人留在梅西，保留独四大队建制。

　　梅兴平蕉边区的国民党反动势力因南台山战斗得势而气焰嚣张，军事上加紧对游击区进行"清剿"，政治上发动"自新运动"，妄图扑灭革命火焰。平远，特别是超竹、石正、大柘、长田、热柘等地处于白色恐怖之中。驻扎在石正的谢海筹实施杀人立威的高压政策，首先以"抢劫罪"为名，抓了上新黎石泉等三人立即枪决，接着又以"通匪罪"为名，枪决了坪湖凌兰生。宣布"十杀令""三光惩处令"，即有上述行为者，杀人烧屋，没收一切财产，整个石正处于腥风血雨之中。敌驻大柘前进指挥所主任刘茂文、副主任凌育旺，敌五县联防指挥部副主任张秉宏率部在大柘、超竹"围剿"乔樟、大塘山等游击根据地，恐吓革命群众，逼迫参加革命人员"自新"，大肆抓人、封屋、株连、勒索，甚至放火烧屋。1948年5月，大塘山再次遭到国民党省保警叶剑光营100多人的偷袭，独四大队战士陈友明被捕，后被杀害。6月，张秉宏再次率部"围剿"大塘山，村民姚方来、姚友亮、陈明章、姚木盛等家遭到洗劫。面对国民党反动派的疯狂镇压，老区人民毫不畏惧，不屈不挠，与敌人作针锋相对的斗争。丰光村民兵姚士维等抢救南台山战斗中负伤的战士高灵通，在敌人到处搜查的时候，给伤员医治枪伤。后来为了更好地掩护伤员，经大家商量决定把伤员抬到"白皮红心"的保长姚若璋家"将军第"。姚若璋以保长的身份作掩护，请医生姚星喜给伤员医治枪伤，终于使高灵通伤愈返队。田兴村民兵姚卿才等不怕株连，将撤退途中左大腿负伤的战士张清背回家中，买药治疗。经过十多天的悉心护理，张清伤势有了好转，由梅西老区派人把他接回去了。

第三节　建立健全党的组织

一、武工队重返平远

南台山战斗失利后，中共梅兴平蕉边县工委根据粤东地委的指示，认真总结经验教训，调整、充实边县工委和独四大队的领导，采取相应对策灵活机动地与敌人作斗争。

1948年4月下旬，边县工委决定派梅平武工队重返平远，以"依靠群众发展新区，坚持老区，镇压反革命和投敌叛变分子"为工作方针。梅平武工队肩负重任返回平远，首先到杉坑和大塘山了解敌人"清剿"情况以及群众的思想动态。武工队在教育"自新"人员的同时，深入群众宣传，大力开展政治攻势，让群众了解全国解放战争的大好形势，树立革命必胜的信心。根据群众的要求，经请示梅兴平蕉边县工委同意，及时镇压了敌人安排在游击区的耳目，鼓舞了游击区群众斗志，刹住了敌人的嚣张气焰。

梅平武工队通过深入细致的宣传工作，一方面稳定群众情绪，另一方面培养骨干，充实队伍，终于扭转了局面。梅平武工队先后深入大柘梅二村、黄沙村、凤池、坝头贤关、樟演村以及长田、热柘热水等地区，建立了许多革命据点。5月至6月，相继成立超竹、大柘、石正、河头、东石等各乡武装工作组（小分队），深入白区，以发展游击根据地。6月24日，首先在超竹樟坑里建立党支部，吸收青年民兵骨干陈欣贤、陈福贤、陈悦贤、陈连生、陈亚连等入党，这是解放战争时期，在平远建立的第一个中共支部。8月，还组建起一支富有战斗力的杨梅坑民兵队。石正武工队以棉羊为据点，以潭头作依托，把潭头开辟为通向石正中心的基地，左线向马山、上丰、下丰、中东、龙坑、上新至周畲，右线向坪湖、南台至安仁，形成对石正谢海筹指挥中心的包围圈。还对石正乡乡长谢江涛及谢海筹的一些旧部下开展统战工作，在党的统战政策感召下，他们不再与人民为敌，暗中与武工队通气，出钱出粮支持革命。6月，杭武蕉梅边县委领导的蕉岭武工团到锅呂村活动，该村成为蕉岭武工团的大本营，活动范围逐渐扩展到东石、畲脑、泗水部分地区。

二、中共梅兴平蕉边县委正式成立

1948年5月，根据粤东地委决定，正式成立中共梅兴平蕉边县委员会（简称梅兴平蕉边县委），书记黄戈平，组织部部长叶雪松，宣传部部长陈悦文，委员叶寒生（专管军事）。梅兴平蕉边县委成立后，各游击区大力做好巩固老区、发展新区和统一战线工作，对乡、保长提出严正告诫，对顽固反动的乡、保长给予坚决镇压。在地方工作上采取稳扎稳打，军事行动上以小分队活动为主，加强侦察调查，相机集中打击敌人。

7月，中共梅兴平蕉边县委根据打入国民党闽粤边区"剿匪总指挥部"（简称"剿总"，设在梅县松口）任译电员的中共地下党员陈腾芳送来的情报，判断梅平武工队队员张洪安被"剿总"上校参议、五县联防指挥部副主任张秉宏收买而叛变，并为其多次提供军事情报，是"生字181号"特务。黄戈平即派叶志祥、卓大明把张洪安从仲石引到梅西，经审讯后处决，并张贴布告公之于世。

8月，中共粤东地委决定加强梅兴平蕉边县委领导，黄戈平任书记，肖刚任副书记，叶雪松任组织部部长，陈悦文任宣传部部长，委员有叶寒生、刘安国、彭炎兴、陈质兴。12月26日，梅州地委决定：鉴于已成立蕉岭县工委，梅兴平蕉边县委改为梅兴平边县委，黄戈平调任梅州地委秘书长，边县委书记由陈悦文担任，副书记肖刚，组织部部长叶雪松，宣传部部长肖刚（兼）。委员：叶寒生、刘安国、李发英、蔡双福、叶焕泉、叶志祥、曾芳元、赖森文、陈百涛、陈玉堂、章日新。1949年3月，中共梅州地委任命陈玉堂为中共梅兴平边县委宣传部部长，章日新为组织部副部长。

三、中共梅平区委的建立

1948 年 8 月，梅兴平蕉边县委决定成立梅平区委，叶志明任书记。9 月底调整充实梅平区委领导，书记改由陈玉堂担任，叶萌（小谢）任副书记，吴远郯（阿胡）任组织委员，陈玉湘任宣传委员。同时，梅兴平蕉边县委从梅西老区抽调陈满、余莉、叶萌、陈仁珊到石正工作，加强当地武工队的力量。他们与原有武工队队员姚天民、姚铁汉等人充分依靠群众，运用小分队活动的方式，收缴官僚地主的武器，向地主征收钱粮，没收敌人来往信函，巧妙地与敌人周旋。

中共梅平区委成立后，加强了对平远工作的领导，在斗争中发展党员，建立基层支部。12 月 26 日成立了超竹杉坑支部，书记陈玉堂（兼），吸收陈杰兴、陈裕昌、陈振兰入党。9 月，平远中学成立了微光读书会（微光社），会员多达 50 多人，出版《微光壁报》，每两周出版一次，宣传民主，反对独裁，揭露国民党的本质。1949 年 3 月，成立中共平远中学支部，书记陈超贤，先后吸收姚良禄、曾庆昌、吴远泉入党。3 月 29 日，陈玉堂宣布吸收大塘山革命青年姚杰民等 3 人入党，成立了大塘山支部，书记姚杰民。东石茅坪杨梅坑青年赖济泉入党后，在家乡广泛发动青年组织民兵，吸收赖昌荣、赖济兴、赖济川、赖帜欣、赖石秀等人入党，于 1949 年 3 月正式建立中共杨梅坑支部，书记陈玉堂（兼），后由赖济泉任书记。

至平远解放前夕，中共梅平区委共建立基层支部 5 个，发展党员 20 多人。此外，经武工队和基层党组织发动参加革命的知识青年（平远中学、石正中学等在校学生）20 多人，先后输送了200 多名青年参军，其中参加闽粤赣边纵队第一支队独立第四团、第八团的有 50 多人，许多同志在平远解放后成为县或区、乡领导干部。

四、闽粤赣边纵队成立及独四大队整编

1949 年 1 月，闽粤赣边区党委在大埔召开会议，宣布中国人民解放军闽粤赣边纵队正式成立。刘永生任司令员，魏金水任政治委员，铁坚任副司令员兼参谋长，朱曼平任副政治委员，林美南任政治部主任。同时，将原梅州支队改编为边纵第一支队，郑金旺任司令员，廖伟任政治委员，王立朝任副政治委员，黄戈平（后为邓秀芳）任政治部主任。2 月 18 日，独四大队在蕉岭甜竹坑整编，一分为二。一部分命名为程严独立营，代号"铁流"，营长刘安国，政治委员叶寒生，下属 2 个连，隶属边纵第一支队；另一部分仍称独四大队，代号"曙光"，大队长叶志祥，副大队长吴汉超，政治委员陈悦文，副政治委员肖刚，政治处主任叶志明，下属 2 个连和 1 个独立排，隶属梅兴平边县委领导。此后，程严独立营一直和独四大队一起活动在梅兴平蕉边。4 月 6 日，边纵

第一支队直属四团在梅县桃源成立，四团以程严独立营为基础，从独三大队和独七大队抽调部分队伍组建而成。团长饶仁珊，政治委员叶寒生，副团长刘安国，政治处主任陈程明，下属3个连、200多人。地委书记、边纵政治委员廖伟在成立大会上给四团的任务是：在梅兴平蕉边打开新的局面，创造条件往赣南发展。

1949年1月29日，中国人民解放军闽粤赣边纵队成立后，原梅州支队改编为边纵第一支队，潮汕支队、韩江支队、闽西支队、闽南支队分别改编为边纵第二、四、七、八支队。边一团保留原建制，团长廖启中，政治委员赖江平。

边纵和各支队成立后，抓住有利时机，动员群众参军，扩大队伍，使边区武装力量发展到1万人。同时开展了整训工作，进一步建立和健全机构，加强连队支部工作，组织学习《将革命进行到底》《成立宣言》《十项主张》等文件，发扬优良传统，整顿纪律和作风，总结战斗经验教训，进行群众性练兵运动，极大地提高了部队的战斗力。

1月23日，中共闽粤赣边区党委召开会议，指示梅兴平边县委和蕉岭县工委，确定在军事上广泛发动群众，壮大人民武装队伍，积极开辟兴宁北部的四个区和平远境内的锅厾、东石、泗水等地，打通至赣南寻乌的交通线，使各根据地连成一片，以迎接大军南下。4月下旬，地委为切实加强梅蕉平边的领导和向赣南发展的力量，派地委副书记、支队副政治委员王立朝和支队政治部主任黄戈平率二团二连到蕉平边，与四团汇合后即开赴平远锅厾，向赣南寻乌方向发展。

第四节　为平远解放而斗争

一、平远胜利解放

（一）游击基地连成一片

根据闽粤赣边区党委和梅州地委 1949 年初关于"不断歼灭敌人有生力量，使各根据地联成一片""加强梅蕉平边的领导""把蕉平打开"等指示精神，梅兴平县委除决定在梅西、梅北、兴宁北四区等地加强军事行动外，在平远也进一步开展军事行动，歼灭敌人武装据点，尽快把各游击根据地连成一片，为全面解放平远做好准备。

长田反动武装早在 1947 年 9 月就被粤东支队歼灭了，但到了 1948 年，当地反动势力在国民党平远县当局扶持下，又重新建立了一支自卫队。1949 年 4 月 14 日，独四大队在叶志祥、肖刚、叶志明的率领下，从石角村出发，以迅雷不及掩耳之势把他们全部歼灭，计俘反动乡长兼自卫队队长黄双桂以及自卫队队员 20 多人，缴获长短枪 20 多支。

自粤东支队胜利攻克长田以后，独四大队和梅平武工队经过一年多的英勇奋战，石正、超竹、大柘、长田、热柘、东石、坝头、河头、八尺等地的反动武装和国民党乡村政权已被基本摧毁，游击基地由点到面连成一片。游击区普遍建立了农会和民兵组织。国民党平远当局退守县城和北片乡镇，但其县警中队和张秉宏自卫队还经常出动，侵扰游击区。

4月24日，中共平远区委和武工队30多人在超竹杉坑集训，由于麻痹大意，遭敌县警中队和张秉宏自卫队200多人的袭击，武工队员曹阿丙、姚良开在战场牺牲，赖济庭、刘亚二被俘后遭杀害。5月6日，梅平武工队队员姚士维等6人在樟演遭县自卫队一个排的袭击，陈亚凡当场牺牲，蓝石泉、姚士欣被捕后遭杀害。敌人前后两次的袭击，使武工队遭受到严重损失。

（二）策动林公顿等上层军政官员起义

在全国解放战争转入战略决战的历史阶段后，梅平区委加强了统战工作。根据中共闽粤赣边第一次党代会关于"争取和吸收地方上有威信有影响的公正人士、开明绅士、社会名流，争取国民党政府中那些中立的人员，通过同乡、同学、老同事、亲戚等关系，直接或间接地和他们取得联系，劝他们多做些有利地方，有利于人民的事"的指示，梅平区委和梅平武工队把握有利时机，在国民党平远县军政人员中寻找统战工作的突破口，认为原国民党平远县长、广东省参议员林公顿倾向进步，在平远有较高的威信和声望，做好他的工作，有利于策动其他党政军警人员起义。

1949年3月，梅平区委书记陈玉堂与陈玉湘通过关系与林公顿接触。由于林公顿近两年来受革命形势的影响，接触过许多进步人士，特别是受到在香港的国民党左派张文的启发后，有意为人民做有益之事。因此，一经接触，他即表示尽力支持革命。其后，他帮助武工队筹措枪支子弹，并协助武工队策动东石乡公所、自卫队交出部分武器。

为了更好地策动县军政人员起义，林公顿向国民党县长黄纯仁求职。黄纯仁虽有怀疑，但也答应林公顿的要求，封他做县府"高级顾问"。林公顿利用在县府供职的机会，在短期内做好了警察局局长严若寰的思想转化工作，使他弃暗投明，走靠拢共产党的道路。同时，还策动了附城区中队起义。

（三）边纵第一支队二、四团解放平远

1949 年初夏，中国人民解放军遵照毛泽东主席和朱德总司令发布的《向全国进军的命令》，组织各路大军横渡长江，于 4 月 23 日占领南京，宣告国民党反动统治的灭亡。这时，闽粤赣边纵所属部队在春季攻势中全面出击，取得了重大胜利。梅州、潮汕、韩东、闽西、闽南进一步巩固和发展了根据地，使纵横 200 多公里的地区连成一片。

5 月中旬，梅州地委和边纵第一支队依靠闽粤赣边区党委和边纵的力量，抓住大军渡江的有利时机，先后争取了保独一营、保十二团、第九区专员公署兼保安司令部所属机关部队和保独九营，以及各县自卫大队约 5000 人投诚起义。

5 月 14 日至 17 日，龙川县、梅县、兴宁县、五华县先后宣

布和平解放。5月20日，第一支队二、四团奉命解放平远。四团
作为先头部队在支队政治部主任黄戈平率领下，由梅城曾龙岕步
行到蕉岭新铺，当晚由新铺分乘6辆汽车向平远东石进发。当时
平远的敌军只有保安营约250人，其第二、三连驻县城（仁居），
第一连驻东石建泉祠。21日凌晨3时半，四团抵达离东石圩2.5
公里的杨梅坑，与梅平区委及其武工队会合，分兵两路包围东石
乡公所和保安营一连驻地建泉祠。敌慑于四团威力不敢开枪抵抗，
但亦不肯缴械投降。这时，部队一边继续向敌开展政治攻势，一
边向敌驻地发射枪榴弹，终于促使冯冠雄率队60多人缴械投降。
东石乡公所自卫队20多人亦在部队包围下缴械投降，是役共俘敌
80多人，缴获轻机枪1挺、长短枪70多支。东石解放后，由梅
平区委和武工队接收。

同日，在县城仁居，国民党县长黄纯仁、县党部书记长陈楷
策划逃跑。警察局局长严若寰借口由他断后，集合县警察局特务
排和仁居自卫队共100人枪往六吉方向撤离。第二天一早，严若
寰率队返回仁居，迎接人民解放军进城。黄纯仁、陈楷、县保安
营营长魏荣（魏清）率县保安营2个连及直属警卫排逃往八尺与
寻乌交界处牛埃石。

5月22日，边纵第一支队四团从东石乘坐6辆汽车至仁居城
郊集结，随行的还有林公顿等。这时严若寰率官兵以及县参议会
议长林永宏等开明人士列队在车站欢迎。独四大队和二团随后亦
进驻仁居，平远宣告解放。

由黄纯仁、陈楷率着逃跑的2个连走投无路。6月上旬，第

二连返回八尺，为我军招抚遣散，第三连连长卓明辉随后率队返回县城投诚。至此，平远敌军已全部瓦解，共缴获轻机枪4挺、冲锋枪2支、长短枪500余支。5月25日，梅兴平边县委率独四大队奉命接管平远县政权。

平远解放后，边纵第一支队3个直属部队即二团、四团和暂编三团（保独一营起义后改编）均进驻平远，支队司令员郑金旺、副政治委员王立朝、政治部主任邓秀芳都到了仁居。当时的意向是解放寻乌，后因执行边区党委决定，第一支队负责接管武平和肃清蕉岭长潭残敌任务，支队领导又于6月上旬率二团和暂三团开赴蕉岭、武平。四团、八团留驻平远，黄戈平继续留在平远，代表梅州地委统领党政军和筹划解放寻乌。

二、平远县人民政权的建立

平远解放后，即于1949年5月26日成立平远县军事管制委员会（简称县军管会），由梅兴平边县委书记、独四大队政治委员陈悦文任军管会主任，边县委宣传部部长、梅平区委书记陈玉堂任副主任，委员有叶雪松、李发英、章日新、叶志祥。县军管会成立后首先出示布告安民，并召开各阶层人士座谈会，派出政工队员深入群众，宣传党的政策主张，稳定社会秩序。

从平远解放、成立县军管会到成立县区人民民主政府的近一个月时间里，县军管会吸收了一批青年学生参加工作，于5月28日举办新干部短期培训班，参加培训的有四五十人。6月3日，培训班结束，学员被派往各区任武工队队员。

6月10日，中共梅州地委作出决定：粤东各县已经解放，原各边县委应予撤销，按原行政区划成立县委、县人民民主政府。中共平远县委书记为陈悦文，组织部部长章日新、副部长赖森文，宣传部部长李发英，县委委员陈玉堂。

6月21日，平远县人民民主政府成立，县长陈玉堂，副县长林公顿，将全县划为仁居（差干）、八尺、东石（东石、泗水）、坝头（坝头、河头）、大柘、热柘（热柘、长田）、石正七个区，并成立区人民民主政府。同时，县委还派出党员分别到下属7个区任指导员。

9月，调整各区区划：第一区（仁居、邹坊），第二区（八尺、河头），第三区（石正、大信），第四区（大柘、超竹），第五区（热柘、长田），第六区（东石、泗水、坝头），第七区（差干）。10月1日前，再次调整各区区划：第一区（仁居、邹坊、差干），第二区（河头、八尺），第三区（东石、泗水、坝头），第四区（大柘、超竹、长田、热柘、石正、大信）。各区人民民主政府成立时，均召开群众大会庄严宣布。成立后便立即开展广泛的政治宣传工作，肃清反动武装残余，收缴民间私藏枪支，安定社会秩序，恢复和发展生产。

三、抗击胡琏残部夺取最后胜利

（一）胡琏残部窜扰，形势逆转

1949 年 5、6 月间，闽粤赣边区党委和边纵领导抓住中国人民解放军渡江南下攻占南京的大好形势，对国民党军队展开了强大的军事、政治攻势，取得了辉煌的胜利。到 6 月底、7 月初，全边区共解放了 19 座县城，其中梅州地区 7 个县于 5 月底即获得了全境的解放，并争取了境内大批国民党军队的起义。

国民党反动当局面对南下解放大军日益逼近的局势，部署了"保卫广州"的作战计划，指令其在闽北的第八兵团（刘汝明兵团）于 6 月底南撤至漳、厦，其中第五十五军进驻闽西龙岩，第十二兵团（胡琏兵团）2 个军从江西南撤梅州、闽西。与此同时，还部署第十八军第十一师从台湾渡海至汕头接应。一时间，边区的敌我形势发生了急剧的变化。

大批敌军进入闽粤赣边区，其目的是通过摧毁边纵主力，恢复地方反动政权，以策应其"保卫广州"的作战计划和控制逃台出海口岸。敌军南窜使梅州、闽西、闽南地区大部分已解放的县城重陷敌手。

（二）避敌锋芒，转入山区坚持斗争

6 月下旬，得悉大批胡琏兵在南下大军的追击下，逃亡到赣州、会昌和寻乌筠门岭一带，地委秘书长黄戈平即派第一支队第四团 3 个连到粤赣交界的大畲坳设防，八团 1 个连到八尺警戒。7

月3日，胡琏1个团1000多人绕过防区，经项山往平远差干迂回。得到可靠情报后，黄戈平当机立断命令四团立即撤返仁居，并于当天晚上在仁居平阳楼召开了有党政军主要负责同志参加的紧急会议，传达了地委的指示，作出了党政机关和部队撤离县城，转入山区坚持斗争，伺机打击敌人的决定。具体措施是：四团立即转入畲脑山区，占据有利地形阻击南窜敌军；八团和县领导机关转移八尺坚持斗争；寻乌县工委书记叶雪松率永宁工作队部分成员北上项山，抄敌后路，坚持在寻乌开展工作。在撤出县城前，由八团政治处和县府机关工作人员做好宣传工作，使群众知道，撤退是暂时的，是为了保存实力、更有效打击敌人。

（三）浴血奋战牵制敌兵

1. 坚守差干炮楼

7月3日晚，胡琏部1个团窜入差干。八团驻差干炮楼的1个排遭敌重重包围。敌军以小钢炮、枪榴弹、轻重机枪轮番攻击并叫嚣要守军缴械投降。全排战士20多人在幸排长的指挥下毫不动摇，凭楼据守，直到天亮炮楼被击毁一角，幸排长才率队突围。在突围激战中，幸排长及战友谢永如、谢尚来、谢勋赞、曾宪南、刘正山、龙开华、袁金庭、陈亚曾、陈展球、陈联发、罗汉鑫、王庚杆等13人均在突围中壮烈牺牲。

坚守差干炮楼是在敌强我弱、孤军无援情况下的战斗，这次战斗牵制了敌人，阻滞了胡琏兵进犯县城，为县党政军机关乃至梅州各县安全撤离赢得了时间。

2. 莆杓岽战斗

当平远县委、县政府工作人员及八团、四团部队撤到畲脑村后，为向群众做好宣传工作，安定民心，黄戈平、陈悦文、叶志祥、杨竞存等率八团 2 个连，于 7 月 4 日下午 4 时返回县城。队伍刚进到城郊南部，前哨发现自差干来的胡琏残部已到达城郊东部的井下村，并登上了制高点牛臂山，还在塔下、沙背岽等地布防。敌我相遇，兵力悬殊，地势受限，情况十分危急。黄戈平等决定边阻击边撤退，派出第一连排长巫俊率机枪手亚戴等 30 多人进行阻击，掩护县委、县政府人员及部队向东石方向撤退。巫俊率领全排战士抢占南部最高山头莆杓岽，阻击胡琏军一个多小时，毙敌连长 1 人、士兵 2 人。但巫俊等十多人被捕，战士 9 人牺牲，县城被胡琏军占领。

差干战斗和仁居战斗都为人民政权安全撤退、少受损失赢得了时间，同时也为人民军队掌握、分析胡琏军活动特点与规律，作出具体部署起到了很好的作用。

3. 铁民中学遭遇战

7 月 5 日，黄戈平、陈悦文、叶志祥、杨竞存等率队撤至东石铁民中学，同先于他们到达这里的县委、县政府人员会合。7 月 5 日晚，边纵第一支队四团奉命由畲脑转移去泗水，路经铁民中学背后，与胡琏兵一部遭遇。原来胡琏兵正部署包围驻铁民中学的县委、县政府人员。四团尖兵先发制人，以密集火力扫射，双方猛烈开火。这一遭遇战，为驻铁民中学人员 70 多人大部分得以冲出校门转移争取时间。当时被胡琏兵包围的铁民中学，平远县委和县府领导正在那里开会，听到枪声马上撤离，但仍有谢质昌（叶萌）、叶铭贤、廖奋成、廖庆元、曾豪秀、陈大妹等被捕，拘押到仁居。在胡琏兵撤离平远时，廖奋成、廖庆元、叶铭贤3人被杀害，谢质昌、曾豪秀等人被敌带走，陈大妹在共产党部队返回县城时，才从狱中救出。四团在撤退时，一部分由团长饶仁珊、副团长刘安国率领2个连约200人，往蕉平边的铁山嶂转移；另一部分由四团政治委员叶寒生、政治处主任陈程明率2个连经东石、坝头向梅二（凤朝坑）转移。8日晚，胡琏兵1000多人从坝头袭击梅二，由于部队早有戒备，得以安全转移。

从7月中旬到9月初，按照县委指示，县长陈玉堂、县委宣传部部长李发英等留在平远，代表县委直接指挥各区武工队与胡琏残敌作斗争。陈玉湘、陈广生、范祝元在超竹、大柘坚持斗争，姚天民、陈仁珊在石正坚持斗争，李发英、张岳祺在长田、热柘坚持斗争，陈超贤在坝头、小柘坚持斗争，丘尚梅等在河头坚持斗争。赖济泉率区武工队进入泗水山区，在与县委、县政府失去联系的情况下，辗转于东石、泗水山区，坚持斗争。

4. 以铁山嶂为依托，坚持山地游击战

东石铁民中学遭遇战后，四团2个连和黄戈平所率的队伍均到达铁山嶂，先期到达铁山嶂活动的还有九团副政治委员刘雨舟率领的该团第二连。这样，在铁山嶂会合了3支队伍，约300人。为了协调行动，黄戈平主持召开了四团、九团负责人会议，传达上级指示精神，决定组成一个统一的领导机构，代号称"长江"，由黄戈平负总责，饶仁珊、刘安国负责军事，刘雨舟负责政治和后勤工作。"长江"所属部队以铁山嶂为依托，在粤赣公路沿线开展游击战，袭击敌军来往车辆。刘安国率领的小分队在东石、杨梅坑、热水一带与当地武工队和民兵密切配合，多次伏击敌军，毙、伤、俘敌人40多人。7月下旬转战在梅西、梅北的四团另一部，经凤朝坑、车子排、横坑、热水与胡琏敌军战斗后亦转移到铁山嶂汇合。8月中旬，四团才奉命撤离铁山嶂。

5. 蓝坊肚遭敌袭击

7月中旬，胡琏军袭击锅叾，"长江"决定转移撤往蕉岭蓝坊肚。18日晚，黄戈平带领九团和四团等到达蕉岭三山蓝坊肚休整。因蓝坊肚地处崇山峻岭，"长江"认为胡琏残部刚至蕉岭，阵脚未稳，不敢轻易进犯，于是决定在这里暂驻下来。由于反动分子吴松林向敌军告密，7月20日遭到胡琏"飞虎""三溪"等部300多兵力的袭击。胡琏兵分两路从东、南两面袭击蓝坊肚，因班哨没及时发觉从南面龟子窝进攻的一部，导致黄戈平等听到枪声，匆忙指挥部队向马头耳方向登山时为时已晚。这时，敌人已占据了有利地形，在驻地后的山坡上，以密集的机枪火力向撤到马头耳半山腰的部队猛烈扫射。双方战斗一个多小时，九团牺牲32人，黄戈平亦在战斗中牺牲。

黄戈平，原名黄新能，别名汉琴，同志们叫他"琴哥"，大埔银江人，1920年出生。1937年在梅县东山中学读书时就开始参加革命活动。1938年加入中国共产党，是梅县学生抗日救亡运动的主要领导人。曾被国民党反动派逮捕入狱。释放后，他遵照党组织的指示回大埔活动，为建立健全党的地下交通站和中共南方工作委员会做了许多具体工作。"南委事件"后，梅州党组织被迫疏散隐蔽，他便到江西赣州报考税务学校，经短期受训后被派任为寻乌县税捐处稽征股长，同寻乌各界人士广泛联系，积极开展统战工作。抗日战争后期和解放战争时期，他先后参与了抗日游击队韩江纵队第三、第四支队和梅埔武工队、梅南武工队、梅西武工队、梅平武工队、独三大队、独四大队的组建工作，先后担任梅埔丰边县委、梅县工委、梅兴丰华边县委、梅兴平蕉边县工委的主要领导。他对梅兴平蕉边有深厚的感情，为梅兴平蕉边人民的革命斗争作出了重要贡献。1948 年 12 月，黄戈平调任闽粤赣边纵队第一支队政治部主任，后调任中共梅州地委执委兼秘书长。其间，他仍驻梅兴平蕉边指导工作。1949 年 5 月，平远解放后，他奉命前往平远接管政权，一直战斗在平远，直至壮烈牺牲。

（四）收复仁居县城，夺取最后胜利

中共平远县委、县人民民主政府及闽粤赣边纵队第一支队独立第八团遵照地委指示，转入山区，继续组织领导全县人民群众开展抗击胡琏残部的斗争。7 月 25 日，县委派武装工作队前往河头打击密谋成立河头乡公所的反动势力。8 月 9 日，县委派武工队袭击驻大柘蛤蟆浮水下新屋的张秉宏部。在县委、县政府的组织领导下，群众纷纷起来与胡琏残部和地方反动势力作斗争。

8 月 28 日，八团 1 个连在梅西伏击最后撤退的胡琏兵，俘敌 30 多人，缴获大批军用物资。同日，胡琏残部后勤卫生兵 50 多人撤退路过杨梅坑。该村民兵抓住战机，在广丰店地段埋伏，打

得敌人措手不及，缴械投降，俘虏敌团长、敌军医院院长等官兵50多人，缴获武器物资一批，后来受到兴梅军分区的表彰。

9月1日，县委派郑彩志、丘忠坚等人组成小分队，由梅西重返县城（仁居）侦察敌情，做收复县城的准备。2日晚，武装小分队在仁居发现残留县城谢家祠的胡琏兵残部通讯兵。小分队分析认为，通讯兵战斗力差，孤军无援，处于走投无路的恐惧状态之中，便立即前去与他们接触，策动他们投诚。他们表示愿意放下武器，等待接收。小分队及时将情况向部队报告，县委、县军管会率八团于3日晚10时返回仁居，收复县城。4日，接收了投诚的校官郭某带领的胡琏残部通讯兵70多人、吉普车1辆、30多支长短枪及通信器材一批，县城一片欢腾，热烈庆祝平远全境获得完全解放。

10月1日，中共平远县委、平远县人民政府组织全县各机关团体、各界群众集会游行，热烈庆祝中华人民共和国的成立。全县人民在欢庆解放的凯歌声中，迎来了社会主义革命和建设新的历史时期。

后　记

为更好地宣传广东中央苏区历史，传承红色基因，弘扬红色文化，为庆祝中国共产党成立 100 周年、中央苏区正式成立 90 周年，我们编纂出版《广东中央苏区平远革命简史》一书。平远县于 2011 年 8 月由中共中央党史研究室确认为原中央苏区县范围，是广东 11 个原中央苏区县之一。平远县委、县政府高度重视《广东中央苏区平远革命简史》的编写工作。

2020 年 3 月，《广东中央苏区平远革命简史》编写工作启动。由于时间紧、任务重，中共平远县委党史研究室成员分工合作，在《中国共产党平远县地方历史》（第一卷）、蕉平寻时期史料和 2009 年平远县申报中央苏区县时所收集的资料基础上，查阅了大量书籍和老同志的回忆录，搜集文字资料数十万字、图片上百幅。经过认真整理筛选，最后合编成册，形成初稿，并反复征求意见，不断修改充实，直至定稿。

本书分为"在大革命的洪流中""平远苏区的创建和发展""全民族抗战时期的隐蔽斗争与抗日宣传活动""平远迎来解放的曙光"4 章，合计约 11 万字。中共广东省委党史研究室、中共梅州市委党史研究室进行审核修改。在编辑该书的过程中，平远县委党史研究室的全体同志付出了辛勤努力，也得到很多领导、老同志和专家的关心指导。值此机会，对县档案馆以及参与本书编辑审核的张坚、马志康、冯锡煌、叶俊新等同志和关心支持本书编辑出版的领导、专家表示衷心的感谢。

由于篇幅有限，牵涉的事件、人物多，加上编辑时间短、编辑工作经验不足，书中难免存在错漏，敬请广大读者谅解。

编　者

2021 年 3 月